纪效新书

[明]戚继光 著

马明达 马廉祯 点校

人民体育出版社

戚继光画像(明)

再版序

马明达 马廉祯

一

《纪效新书》是明代杰出军事家戚继光的兵学名著，明清以来被兵家和军事史研究者奉为必读典籍，官衙和坊间一再翻刻，流布甚广，但同时也造成版本丛脞、良莠混杂的问题，以至于读者很难得到一部图文完整的佳本。

晚近以来翻刻有增无减的重要原因，是《纪效新书》的嘉靖刊十八卷本中，收录了不少属于军事技艺的内容，如枪、棍、狼筅、刀牌、射箭等，特别是第十四卷的《拳经捷要篇》，世称"拳经三十二势"，是一部势法完备、图解详明的古代拳谱，也是我国历史上第一部由兵家编选刊行的高水平拳谱，称之为《拳经》可谓名副其实。当火器最终成为军备主体而冷兵器悄然退出历史舞台以后，《纪效新书》没有和大多数泛言韬略的兵书一起走向落寞，而是不冷反热，正是因为在拳术勃然兴起并逐步成为武术主体的大潮之下，民间读者迅速增加，《拳经》被武术家津津乐道并奉之为武艺宝典。更重要的是，拳经三十二势的传播对民间拳术的孳生繁衍产生了深刻影响。以太极拳为例，它的产生在理论上明显受到宋明理学的影响，技术上则深深取法于拳经三十二势，是对拳经图势的柔性模拟。据武术史家唐豪先生的研究，如以清代出自河南陈家沟的《拳经总歌》、十三势及陈沟长拳为例，其中至少有廿九势采自拳经三十二势，《拳经总歌》中的一些词语、理论也是戚氏《拳经捷要篇》的移植和引申，或者说它本身就是一篇作者阅读《拳经》的心得。除了太极拳，还有一些传承有序的传统拳法也可溯源于《拳经》，或是依托附会于《拳经》。更值得一提的是，周边某些邻国存有《拳经》的翻刻本和稀见的汉字单刻本，为我们研究《拳经》的形成提供了重要资料。这是中外文化交流史上的一个尚未被学者注意到的现象，值得继续深入探研。足见《拳经》的产生与广泛传播，的确是中国武术史上乃至中国文化史上的一件大事情。

鉴于《纪效新书》特殊的武学价值，在 20 世纪 80 年代由大规模的"武术挖整"引发的武术热中，经马明达积极建议，人民体育出版社同意将点校本《纪效新书》纳入"中华武术文库古籍部"的第一选项，提供出版支持，并邀请马明达到北京完成点校工作。为便于校阅善本古籍，当时住在离北图较近的一家理发店附设在二楼的小旅社里，空间局促，起居甚难，最终以近三个月的时间，完成了全书的点校、辑补、增设附录及撰写前言等工作，如期将书稿交由人民体育出版社正式出版。时在 1987 年夏秋之交。

1988 年 2 月点校本《纪效新书》问世，受到武术界乃至学界的欢迎，第一次印刷的 15000 册很快便销售告罄，有人甚至认为这是该书"目前最详善之本"。而实际情况却并非如此，因为多方面的原因，点校本存在较大的质量问题，这是点校者一直心有不安而自觉愧对读者的。

自 1988 年人民体育出版社点校本《纪效新书》出版之后，这部一直受到多学科偏爱的古籍，又有了多个不同的版本问世。仅以孤陋所及，先后见到的有中华书局 1996 年盛冬铃的十八卷本点校本；中华书局 2001 年在《戚继光研究丛书》中收录的曹文明、吕颖慧对十八卷本的校释本；范中义对十四卷本的校释本。此外，还有解放军出版社与辽沈书社于 1995 年在《中国兵书集成》的第十八册中，收录了清张海鹏《学津讨原》十八卷本及北图藏明万历李承勋十四卷本两种影印本。大陆以外，早在 20 世纪 70 年代，台湾华联出版社曾据清张海鹏《学津讨原》本影印出版。其后，台湾商务印书馆也出版过十八卷本，憾未寓目，不知其详。如此众多的点校本、校释本和影印本的出版，在明清古籍群体中实属罕见，足以说明《纪效新书》的历史与现实价值之高，亦见社会需求量之大和学人的重视程度。

正是考虑到《纪效新书》仍然拥有大量读者，而广大读者也热切希望能读到更为清晰准确的简体字刊本，人民体育出版社确定由我们对 1988 年本重加校订，清理其中的误漏，提升质量，再版行世。此次重加校勘的依据，主要是保存下来的1988年点校本书稿的副稿，具体校勘主要由马廉祯担当，同时也有选择地参考了上面提到的各家点校本、校释本和多种清刻本，包括《四库全书》的文渊阁本。因为校改数量比较大，新校订的字词一般直接予以改正，不再增加"校记"。我们以为，经过此次用心校订，又改繁体字竖排为简体字横排，全书质量确有一定提高。但就校勘水平而言，考虑到《纪效新书》版本的复杂和珍稀版本又难以尽收眼底，这是一个需要较长时间和一定条件才能办得到的事。是故，很难说现在的本子就是一个精校本，而事实上目前所出的各家点校、校释本也都达不到"精校"水平。所以我们只能坦诚地告诉读者，这个再版的点校本，较之1988年本的确是好了许多，减少了不少错误，但仍然谈不上"详善"，最多只是一个相对好一点的"普及本"而已。一部真正高水平的"精校"或"校释"的《纪效新书》，还有待于方来，有待于《纪效新书》嘉靖原刊本和多种明刊本，以及邻国朝鲜、日本的翻刻本、必编本的发现和充分使用。总之，《纪效新书》不是先秦古籍，也不是明清的经史名著，但它版本繁复，流布甚广，学术的与多方面的价值仍有很大的发挥空间，整理与研究工作还将继续进行下去。

二

如前所言，比之以前各朝代之兵书，《纪效新书》的一个显著特点是它收录了许多属于"兵技巧"的内容，其中兵械技艺不仅种类多，且有因地因敌而宜的特点；此外还收录了一部"无预于大战之技"的拳法图谱，这在中国古典兵书中是前所未有的。

我们曾多次谈到，大致自《汉书·艺文志》以后，历代的公私目录书中，对"兵技巧"类图书的收录越来越少，它反映的不仅是图书目录学重文轻武的变化，也反映出此类图书总体上逐步趋少的客观事实。这是一个值得深思的问题，所关联的问题远不止于武术史，而是辐射到了整个中国文化史的许多方面，本质上是专治国家不断消弭民气的"重文轻武"政策发挥了作用，传统的尚武精神日益衰减，"技击之学"不断滑落向社会下层，甚而为读书人所不屑。

宋元兵书存世不多，到了明代似乎有所增多，而以戚继光所著各书最显突出。如以《四库全书总目》卷九十九《子部·兵书类》所收图书来看，宋代兵书自《武经总要》以下到陈规《守城录》止，只收了四种。元代无一种。明代则自唐顺之《武编》始，止于曹允儒《握机经》，一共收了六种。实际上，明代特别是明末的兵书远不止于此数，仅收入《四库存目》的就有二十种以上，《存目》以外还有一些。正如《总目提要》所言："明季游士撰述，尤为猥杂"，故多数被置于《存目》中，有些干脆未收或打入"禁毁书"了。严于收录表达了馆臣的学术态度，但不免有苛刻之嫌，恐怕馆臣们在严谨之外还有其他想法和顾虑。不管怎么说，《四库》所收明代六种兵书中，戚继光的《纪效新书》和《练兵纪实》都被选入，而且都有佳评。而《存目》所收明代兵书中，还有四种——《长子心铃》《莅戎要略》《武备新书》和《类辑练兵诸书》，也是依托戚名或是抄撮戚氏作品而成的，亦见戚氏兵学影响之大。当然，这四种书的情况比较复杂，还需要另作研讨。

《四库提要》在评价戚继光各书时，着眼点在"可谓深明形势，不为韬略之陈言"，对戚氏出于临战实效而精心编选的"兵技巧"内容却未置一词。除了馆臣的疏略之外，恐怕主要还是馆臣多是熟读经史而长于义理辞章的文人，对"兵技巧"这样的特殊学问没有多少了解，或是平生也不屑以此为能事。在这一点上，我们清楚地看到《四库总目》与《汉书·艺文志》的差别，看得出长期重文轻武和文武分途所造成的恶果。众所周知，《汉书·艺文志》的参修者之一是"步兵校尉任宏"，对于此人，我们尚一无所知，但《兵书略》的分类和义理表述，表现出了他深刻的兵学修养，显然这是一位文武贯通之才。这样的人在《四库》馆臣中基本上没有了，对戚氏各书只能泛泛而论，做不出深刻评价，这应该是重要原因。

《纪效新书》首刻的时间尚不清楚，有嘉靖四十五年（1566年）之说，但没有版本证据，目前所见最早的刻本是隆庆三年（1569年）浙江李承勋刊本。万历十一年（1583年）二月，戚继光被调离蓟镇，移镇广州。境遇顿转落寞，他心绪不宁。到粤不久，他即着手对十八卷本做删增修整工作，改十八卷为十四卷，卷帙减少了，结构大幅调整，内容却多有增加。这显然是他对自己一生兵学思想与实践的总结之作，是当时形势下深怀隐曲心理的一项有仕途乃至人生终结意义的工作。整理完毕后，依照官例，他将书稿呈报给广东布政司衙门，请求刊刻。布政司给予肯定，称"参阅停妥，相应锓梓通行"，并批准"官银酌量动支"，印毕后"分给大小将领，督率哨队兵役，知所持循，齐加习练"。时当万历十二年（1584年）九月。第二年三月，即万历十三年（1585年），他获准"回卫调理"。万历十五年十二月（1588年1月），刚刚六十岁的一代名将戚继光，突然病逝。照理，十四卷本应该有广州刊本，然而迄今我们未见到存世的广州刻本，国内的《古籍善本总目》出民版后，亦未见有收录，现在只能寄希望于域外藏本。如果最终寻求无果，则不能不怀疑广东布政司的行文是否得到了落实，毕竟当时从布政使行文准印，到戚继光离职归休，中间只有几个月时间。是故，《纪效新书》的点校整理，还有关于戚继光的综合研究工作，一定程度上受制于文献资料的缺略，也包括《纪效新书》的版本条件。这方面的工作还需要努力展开，以求有更为丰富坚实的资料支撑。

《纪效新书》是明清以来中国兵学著作中，唯一产生了深远国际影响的图书，特别是对东北亚诸国，对朝鲜和日本的影响之大、之久远，是中外关系史上一个值得专门探讨的课题。

在朝鲜，特别是李朝时期，《纪效新书》的影响是多方面的。首先当然是军事上的，内容非常丰富，既包括将士的拣选与训练，新型火器与传统兵器的制作、配置，先火炮远攻再近身击杀的战术模式，战士的战斗技能与公正公开的考核办法，单兵兵技与群体"齐勇"的高效协调，军中对"满片花草"式的虚花套子武艺的排斥，等等；其次，是其精选的各式武艺对民间体育化武艺活动的正面引领，特别是"比试"或"较量"程式对民间武艺竞技化发展的影响。还有他的"兼而学之"的武学理念，特别是他注重中外交流，甚而学之于敌而用之于敌的实践，对朝鲜李氏王朝产生了极为深远的影响。

戚继光去世仅四年，万历二十年（1592年）四月，日本军阀丰臣秀吉发动侵朝战争，倭军强势攻掠，朝军溃不成军，京城、平壤相继失陷。李朝宣祖李昖（1567—1608年在位）退守与辽东接壤的义州，国势危困。万历皇帝非常重视朝鲜遭遇的劫难，六月即调派北方诸镇兵马援朝。戚继光生前调驻蓟镇的"浙兵"也奉命援朝。第一批包括参将骆尚志统领的七百战士，还有戚继光的老部下吴惟忠的一千多人，总计三千多人。此时明军主力是数万辽镇和北方其他地区以骑兵为主的军队，统称"辽兵"，浙兵只是辅助部分。

明军入朝后终于扭转战局，八月，包围了据守平壤的倭军。据朝鲜《李鲜实录·宣祖实录二》宣祖二十五年（万历二十年）八月载，蓟镇浙兵骆尚志等率浙兵抵达平壤前夕，李朝宣祖不了解浙兵的战斗力，曾向臣下发问："天朝南军有勇乎？"得到的回答是：

> 臣子李恒福曰："用兵如倭，进退击刺，极为神妙！今方远来，想必疲困，而犹且练习不已也。"斗寿曰："炮手一半骑马，一半步行。而大同炮手皆骑马云。"

足见浙兵的武名远播域外，他们的独到之处，一是"用兵如倭，进退击刺，极为神妙"，二是把训练放在首位，即使在行军途中也不停顿。这些都是戚继光的遗教。在进攻平壤之战中，数量并不多的浙兵，表现出强大的战斗力。《李鲜实录·宣祖实录二》宣祖二十五年八月间，对骆尚志（骆千斤）和浙兵动态的记载：

> 庚子……南兵六百，今日进驻夹江，随当陆续来到……臣路上见南兵来到，皆是步兵，所持器械皆便捷，多带倭铳筒、火炮诸具。其人皆轻锐，所著巾履与辽东、北京之人不同，有骆游击者领来，其人善使八十八斤大刀，力举八百斤，号为"骆千斤"云。南兵渡江时，臣则未及见，下人等见之，皆不肯上船，只持所持之物于船中，游泳而渡。或有不舍所持之物而游泳者，极为从容渡涉云矣。

浙兵本以火器尤长，尤擅长大炮。此外，士兵又善以刀、枪、藤牌、狼筅等近身格杀，发挥"鸳鸯阵"团队作战优势，专门对付单兵斗勇的倭兵，所以军队数量并不大，战斗力却明显优于辽兵。浙兵的战法和严整的训练水平，包括骆尚志等将领的军事素养等，引起朝鲜从国王到朝野人士的关注，从而引发了学习《纪效新书》和引进戚继光练兵制度的高潮。这一潮流的引领者是李朝宣祖李昖。他了解了浙兵的战况与训练状态后，立即命人购求《纪效新书》，设置了负责学习、翻译和训练的机构"训练都监"，指派通晓汉语并博学多才的臣子韩峤专责此事。不久，骆尚志应朝鲜之请,"拨帐下晓阵法张六三等十人为教师,日夜练习枪、剑、狼筅等技。"而韩峤以十四卷本《纪效新书》为本,将其中的棍、牌、筅、长枪、钯、剑(长刀)六种技法选译出来,再加上一些问答记录,编为《武艺诸谱》一卷,成为一个简选本的《纪效新书》,作为新编朝军的训练教材。自此开始,朝鲜陆续有了多种翻译、改编和附有注解的《纪效新书》,成为中国以外《纪效新书》版本最多的国家。直到李朝正祖十四年,即清朝乾隆五十五年(1790年),朝鲜又有了一部汇总性质的武艺丛书《御定武艺图谱通志》五卷的编纂和精工刻印行,这成为中朝两国明清武艺图籍中唯一具有总结性意义的一部书,其价值之高,称之为"武艺宝典"亦不为过。如果寻根溯源,它肇始于戚继光《纪效新书》,创轫的群体是明朝援朝的骆尚志、许国威等将领,以及李朝的宣祖李昖与训练局臣子韩峤等,而最后集其大成者,则是李朝正祖李祘及其名臣李德懋、朴齐家等。这在中朝文化交流史上,特别是中朝武艺交流史上是光彩夺目的一页!

《纪效新书》的整理和研究都还在进行中,还有大量工作需要深入去做,特别是它在中华武艺体系建构方面的特殊贡献,这也是当年经我提议这本书被收为《中华武术文库》第一本的初衷所在。此次再版,距离第一版已匆匆过去了三十余年,整个学界,包括我们自己,对戚继光和他的著作的研读,都有了一定提升,有不少新的成果,这令人欣悦不已。当古典武艺作为一门重要的文化遗产,它的继承和当代条件下的创新发展,已经在世界上得到普遍识同并出现了许多成就时,我们也应该受到启发,深入思考,在中华民族文化复兴的大前提下,重新思考和研判我们曾经走过的武术之路。更应该把中国古典武艺文献的搜集、研读和整理纳入当代武学的学科范畴,从我们民族先贤那里讨教问道,弄弄明白到底什么是中国人的尚武精神和人文传统,戚继光作为最杰出的民族英雄之一,他到底是怎么讲又是怎么做的。《纪效新书》是值得武术爱好者们认真读一读的。

谨借《纪效新书》再版之机,我们郑重纪念老同学、通备武学的优秀学者白天星(1944—2007年)先生,他为此书的第一版提供了慷慨的帮助。同时,高威、乔玉红、陈晓丹、毛进睿也先后对清抄稿件提供了帮助,提出不少校订意见,我们敬表谢诚。

2020年10月,岁次庚子,于广州火炉山健公书院

点校版序

马明达

《纪效新书》十八卷，是明代杰出的军事家戚继光撰写的一部兵书，它是我国古代军事学典籍中的名著。

戚继光是人们熟悉的历史人物。他出生将门，十七岁以世荫袭职登州卫指挥佥事，开始了戎马生活。一生南平倭寇，北御鞑靼，身经百战，屡建奇功。至五十八岁因政治上失意而解甲归乡，六十岁病逝。在我国历史上，戚继光的名字同许多民族英雄并列在一起，一直受到人民的尊敬和传颂。

戚继光是一位富有改革精神的军事思想家，一位在军事学上有卓越建树的文武兼备之才。他在军事上所取得的成功，多半来自他的创造性，来自他锐意改革的气魄和识略。在平倭战争中，他首先提议并实行了一套募兵制，从选兵到练兵，从各色兵器的配合使用到诸兵种的协同行动，莫不立足实战，务求实效，从而培育了一支威震天下的"戚家军"，取得明代自东南倭患以来从未有过的赫赫战功。善于研究、善于总结，是戚继光的长处。在军事学领域的各个方面，举凡军事工程，后勤供应，兵器制作，练兵操典，战斗技艺等，他都有因敌因地而宜的改革和创新，对当时和后代产生了深远影响。戚继光的军事思想，反映了我国封建社会进入后期阶段，某些新的社会经济因素给军事科学带来的影响，在实质上是一场变革的先声。不能说这个影响只体现在戚继光一个人身上，但有理由认为戚继光比同时代的任何人更突出地反映了这一影响。这是军事学史上值得注意的问题。

作为封建时代的军事家，戚继光在本质上是以士卒为"愚下"的，这是他治兵思想的基点。他制定了一系列用来维系军队战斗力的法令条例，如"连坐法"等，无不充斥着封建专制主义的残酷气息。这显然是戚继光军事思想中的糟粕部分，是时代给予他的局限性。不过平心而论，比起那些驱赶着乌合之众作拼死之斗的将军们来，戚继光的严令峻法不仅保证了军队的纪律和战略战术的实施，而且大幅度地减少了士卒的无谓牺牲。嘉靖四十年（1561年）台州御倭之战，他以最轻微的伤亡取得连战克捷的辉煌战果，就是很有说服力的证明。

戚继光留给后世丰富的军事著作，使他成为我国历史上最有成就的军事著作家之一。他努力探研古今战守之宜，虚心向前辈和同辈请教，结合自己的临戎心得，坚持著书立说。他的书以浅显易懂、不追求词藻为特点，为的是士卒能够听得明白，记得牢。此外，最大的特点还是处处从经验实效下笔，"不为韬略之陈言"❶。明清兵书甚多，有些书往往失之"掊撦陈言，横生鄙论"❷，不切实用。戚继光的书代表了明清兵书的最高水平，被后世兵家奉为典则。

戚继光究竟写了哪些书，目前还不能确言。见于著录和有刻本行世者，除诗文集《止止堂集》和家乘性质的《戚氏家传》外，其他大致上都是兵书，有《纪效新书》《练兵实纪》《莅戎要略》《武备新书》《长子心钤》《将臣宝鉴》等。戚继光死后，董承诏搜集了戚氏部分遗著，于天启二年（1622年）编刻了《重订批点类辑练兵诸书》十八卷，这是戚继光兵书中比较整齐的集本。此书清代无翻刻本，故传世极少。明季，洪承畴编辑了《戚少保南北平定略》六集，目前只见有钞本存世，未见刻本。另据记载，戚继光尚有《奏疏案牍》《储练通论》《哨守条约》等稿，但均未见有刻本。董承诏辑刊的《重订批点类辑练兵诸书》前四卷，收戚继光《奏疏》《条议》凡五十余通，多为别书所不载，很可能就是采自《奏疏案牍》的。在蓟镇任职期间，戚继光曾有志编写《蓟门志》，但因用人不当，终无结果。

戚继光所有的著述中，以《纪效新书》成书最早，流传最广，公认是戚氏的代表作。早在戚继光身前，这部书就已流布军旅，"凡有兵寄者，莫不宗之。"❸戚氏身后的数百年间，此书一直是兵家必读之书，影响直到近代。《纪效新书》篇幅并不长，但内容十分丰富。它在军事学上的价值似乎多已过时，但仍有不少可资借鉴的地方。此外，它对我们研究古代军事史、明代兵制、火器发展史、明代倭患问题，以及戚继光本人的军事思想等问题，都具有重要参考价值。

需要特别指出，《纪效新书》还是一部重要的古代武术典籍。

戚继光针对倭寇的武技优势和惯于"人自为战"的特点，创制了以"长短兵迭用"为主要特点的"鸳鸯阵"。再根据"鸳鸯阵"的作战要求，训练士卒掌握真正用之于军阵的战斗技艺。为此，他一反往古兵书常例，在《纪效新书》中收进了不少武艺内容。具体说，第十卷《长兵短用说篇》、第十一卷《藤牌、狼筅总说篇》、第十二卷《短兵长用说篇》、第十三卷《射法篇》等，都属此类。为了使士卒"惯勤肢体，活动手足"，以掌握"初学入艺之门"，他还收进了"无预于大战之技"的拳法，即第十四卷《拳经捷要篇》。所有这些内容，并不都是戚继光自己的家学和创造，有的取之于别家，有的采之于民间，戚继光只是博采众家之长，重加组编而已。戚继光一贯主张为将者必须懂得武艺，"尤贵于艺精"❹，不能仅凭教师之言来评骘士卒武艺的高下，更不能只靠指手画脚来训练士卒。只有自己深明武艺之道，才能分辨哪些是上阵无用的虚花武艺，哪些是真正有用的武艺。这部分内容，正反映了戚继光注重实践的作风和深厚的军事修养。古代武术资料传留到现在的已经很少了，像《纪效新书》中这样系统的古代武术资料更加如吉光片羽，所以它一直受到武术界的高度重视。

《纪效新书》的刊刻及版本源流，是相当复杂的问题，目前所掌握的版本资料还不足以解决这个问题，我们只能大略言之。

据《戚少保年谱》载，戚继光编著《纪效新书》是在嘉靖三十九年（1560年），共十四卷。后来通行的十八卷本的第十四卷是《拳经捷要篇》，篇名下有"以此为诸篇之末"等语，可证明嘉靖三十九年（1560年）编成的十四卷本止于《拳经捷要篇》，第十四卷以后的《布城》《旌旗》《守哨》《治水兵》四篇是后来补上的。此外，十八卷本的卷首《或问》中提到嘉靖四十年（1561年）的台州之捷，第八卷《操练营阵旗鼓篇》中也提到了台州之捷，可见十八卷本较之十四卷本，不只是补了后面的四卷，前面的内容也有一定增补或修订。

《戚少保年谱》只讲了嘉靖三十九年（1560年）著《纪效新书》，并未言及是否付梓，而我们至今也未发现存于世者，因此，关于嘉靖三十九年（1560年）十四卷《纪效新书》的状况，还有待于今后的研究。

十八卷本刊行于何时，同样是一个不甚清楚的问题。据黄仁宇先生

《万历十五年》引《明代名人传》说，《纪效新书》的初印在嘉靖四十一年（1562年），这里所谓"初印"，是否指通行的十八卷本而言，我们对材料出处不明了，不能遽作断论。目前所见《纪效新书》的序跋，以出自王世贞之手的《戚将军〈纪效新书〉序》为最早。该序言是戚继光的知己同僚汪道昆派人求序于王世贞，当时汪道昆与戚继光俱在福建御倭。序末署"丙寅"，即嘉靖四十五年（1566年）。这篇序言为隆庆三年（1569年）李邦珍翻刻于河南的十八卷本所录，李在序言中说，他是以戚继光寄来的本子为底本的，足见王世贞作序的本子必为十八卷本无疑。据此可以推断，十八卷本至迟是嘉靖四十五年（1566年）刊刻的。另据李邦珍本崔栋序，崔栋在李邦珍翻刻本之前，已在四川命人捐俸翻刻，亦可见十八卷本流布之快。

现在传世的《纪效新书》，主要是十八卷本。清初昆山徐元文《传是楼书目》著录了一种十二卷本，不知是卷帙残缺了，还是另一种本子。十八卷本之外，目前存世者，还有一种十四卷本，即李承勋于万历十六年（1588年）刻之于浙江者。李承勋本较之十八卷本，不仅是卷数少了四卷，其内容也有较大出入，经仔细对勘，可以看出李承勋本是在通行的十八卷本基础上，重加删增编次而成的，文字上的异同，表明修订者下了相当大的功夫。据《戚少保年谱》第十二卷戚继光所撰祀祖"祝文"中说，万历十一年（1583年），戚继光被南调广东的当年，他曾经"复取《纪效新书》雠校，梓于军幕中。"我们相信，此次所谓"雠校"，实际是一次比较认真的整理，删增及文字的修饰均完成于此次。而李承勋本正是据这个整理本翻刻的。李承勋本确有一定特色，内容的删增，颇能反映戚继光军事思想的发展变化；文字上的改动，亦能隐约窥见戚继光政治上骤然失意后的某些思想动态。

戚继光自己刻于广东军中的本子，一直未获寓目，国内是否还有存者，暂不可知。李承勋本也极罕见，北京图书馆善本部藏有一部。《千顷堂书目》第十三卷和《明史·艺文志》所著录的，都是十四卷本，但不详其究属何种十四卷本。明末茅元仪编纂大型兵书《武备志》时，从《纪效新书》中撷取了大量内容，他所依据的也是李承勋十四卷本。足见十四卷本虽然晚出，但当时影响较大，很可能不少人把它视为《纪效新书》的定本。实则十四卷本与十八卷本各有特色，可以并存。十四卷本删去了《拳经捷要篇》，从严格的军事学意义上讲是不无道理的，但社会上很多人对《拳经》等武艺诸篇感兴趣，因此对十八卷本的兴趣也在十四卷本之上，这也不妨看作十四卷本不能取代十八卷本，其流传广度远不及十八卷本的原因之一。总之，就目前所知，《纪效新书》是以十八卷本、十四卷本这样两大系统传世的，其间许多细节问题，是目前拥有的版本学资料所难以解决的，只能有待于将来。

据现有资料知道，明刊本《纪效新书》存于天壤间者并不多，正如王重民先生所说，是书"传本极多，惟其多也，至今求一善本而不可得。"❺现在所知道的最早的刊本，当推前文已提及的李邦珍于隆庆年间刊刻于河南的十八卷本，可简称为"隆庆本"。此本是据戚继光所赠"祖本"翻刻的，在"祖本"无传的情况下，其价值可谓下"祖本"一等。可惜，国内唯一的"隆庆本"早已流失域外，现藏美国国会图书馆。关于它的情况，我们只是通过王重民先生的《中国善本书提要》得知大略。"隆庆本"以外，国内所藏较完善的明刊本，我所经见者只有原为郑振铎先生所藏，今藏北京图书馆善本部的一部了。此本《西谛书目》有著录，十八卷本首尾俱全，《拳经》三十二势一势不脱，但文字多有讹夺，第十二卷《短兵长用说篇》脱漏舛乱处尤多。在没有明确纪年可资断代的情况下，大体上可定在万历年间或更晚一些的翻刻本。但既属明刊，便足珍贵。此本我们简称为"西谛本"。

入清以后，《纪效新书》的翻刻本极多，各种坊刻本几乎不可胜计。就目前所经见的十多种本子来看，大致都是据明南京兵部尚书周世选刻于万历二十三年（1595年）的本子辗转翻刻的。周本原书未见，据各家翻刻本来看，周本的状况必不佳，其第十四卷《拳经捷要篇》已佚去八势，只剩了二十四势；第十二卷《短兵长用说篇》也有大段脱漏。至于其他鲁鱼亥豕之误，各家清刊本中比比皆是，自然与辗转翻刻有关，不一定由周本承担始作俑之责。

我们此次点校《纪效新书》，有几点须说明一下。

首先，确定点校对象是十八卷本。十八卷本流传广，影响大，且《拳经》等篇被武术界奉为拳家重要典籍。既然《纪效新书》被纳入中华武术文库古籍部，我们理应取十八卷本而舍十四卷本。考虑到武术爱好者的迫切需求，十四卷本有而十八卷本无的"辛酉刀法"等内容，我们录于卷尾附录中，以供读者参考。

其次，在众多的刊本中，我们选用清代嘉庆年间虞山张海鹏氏的《学津讨原》丛书本为点校底本。张氏室名"照旷阁"，故亦称"照旷阁本"，但为了方便，我们拟名为"学津本"。学津本出自周世选本，张氏翻刻时"重校一过"，与别本相比，错衍脱漏较少，在清刊本中堪称佳刻。参校本则选用了西谛本；道光十年（1830年）来鹿堂翻刻本，简称"庚寅本"；还有道光二十一年（1841年）朱昌寿翻刻本，简称"朱本"。清代翻刻本多出自照旷阁张氏本和来鹿堂本，凡二本错漏处，他本多从之，所以选用二本后，他本就一概从略了。

最后，在点校武艺诸篇时，还使用了《武备志》《三才图会》《正气堂集》《手臂录》等书，有关篇章中附有说明。书中异体字、俗写字甚多，如"唸"作"念"，"竖"作"豎"，"误"作"悮"，"只"作"止"之类，我们大部分作了改正，但未出校记。

《纪效新书》是国务院古籍整理出版规划小组颁布的第一批待整理古籍之一，是故，我们点校时基本上遵照古籍整理的通例进行。限于学力，点校必多疏谬，恳望读者指正。隆庆本远在域外，点校中未能使用，实为憾事，希望以后有机会补救。

点校工作得到我的老同学白天星先生的热情协助，在此深表谢忱。

本书辑录了有关戚继光的传记材料和《纪效新书》的版本材料，附在书后，以备参考。

1987年12月于北京

注释

❶《四库全书总目》卷九十九《子部兵家类·纪效新书提要》，中华书局1965年，上册，页840。

❷《四库全书总目》卷九十九《子部兵家类·阵纪提要》，同上，页839。

❸明万历刊十四卷本《纪效新书》李承勋《〈纪效新书〉后跋》。

❹明刊《重订批点类辑练兵诸书》卷五《将略》，中国社科院历史研究所图书馆藏本。

❺见王重民《中国善本书提要》子部五兵家类，上海古籍出版社1983年，页245。

目录

自叙	001
卷首	003
任临观请创立兵营公移	003
新任台金严请任事公移	005
纪效或问	006
卷第一	018
束伍篇	018
原选兵	018
原授器	019
原束伍	021
卷第二	030
紧要操敌号令简明条款篇	030
卷第三	035
临阵连坐军法篇	035
卷第四	039
谕兵紧要禁令篇	039

卷第五
教官兵法令禁约篇 ··· 043

卷第六
比较武艺赏罚篇 ·· 045

卷第七
行营野营军令禁约篇 ··· 050

卷第八
操练营阵旗鼓篇 ·· 056

卷第九
出征起程在途行营篇 ··· 081

卷第十
长兵短用说篇 ··· 087

卷第十一
藤牌、狼筅总说篇 ·· 102

卷第十二
短兵长用说篇 ··· 111

卷第十三
射法篇 ··· 135

卷第十四
拳经捷要篇 ·· 139

卷第十五
布城诸器图说篇 ·· 159

卷第十六 ········· 176
旌旗金鼓图说篇 ········· 176

卷第十七 ········· 210
守哨篇 ········· 210

卷第十八 ········· 221
治水兵篇 ········· 221

附 录 ········· 253
一、（明）李承勋刊本《纪效新书》卷四《短器长用解》 ········· 253
二、（清）张廷玉等撰《明史·戚继光传》 ········· 262
三、（明）董承诏撰《戚大将军孟诸公小传》 ········· 266
四、（明）汪道昆《明故特进光禄大夫少保兼太子太保中军都督府左都督孟诸戚公墓志铭》 ········· 268
五、（清）纪昀等撰《四库全书总目》 ········· 274
六、（明）王世贞《戚将军〈纪效新书〉序》 ········· 275
七、（明）李承勋《〈纪效新书〉后跋》 ········· 276
八、（明）周世选《重刻〈纪效新书〉序》 ········· 277
九、（清）张海鹏《〈纪效新书〉跋》 ········· 277
十、（清）张鹏翂《五刻〈纪效新书〉序》 ········· 278
十一、（清）朱昌寿《重镌〈纪效新书〉跋》 ········· 279

自 叙

　　天下之事难者多矣，至于兵则难之尤者也。世有视弓马为末艺，等行伍为愚民者，是岂知本之论哉！黄帝之法，根于几微；汤武之兵，本诸仁义。几微之所由起，仁义之所从出，在于吾心。是故，迹至粗也，而用至神也。然则兵岂细故哉！愚尝读孙武书，叹曰："兵法其武库乎，用兵者其取诸库之器乎？兵法其药肆乎，用兵者其取【诸】❶肆之材乎？"及读诸将传，又悟曰："此固善握器而妙用材者乎？"学者欲求下手着实工夫之门，莫逾于此。

　　数年间，予承乏浙东，乃知孙武之法纲领精微莫加矣，第于下手详细节目，则无一及焉。犹禅家所谓上乘之教也，下学者何由以措？于是乃集所练士卒条目，自选畎亩民丁以至号令、战法、行营、武艺、守哨、水战，一一❷择其实用有效者，分别教练先后次第之，各为一卷，以诲诸三军俾习焉。顾苦于缮写之难也，爰授梓人。客为题曰：《纪效新书》。夫曰"纪效"，【所以】❸明非口耳空言；曰"新书"，所以明其出于法而不泥于法，合时措之宜也。

　　盖尝验之，技艺行阵，特其练中之一事耳，然精微极于无声无臭而小不能破，放之格天地动鬼神而大莫能逾者，乃躬行心得之学，至诚无伪❹之道，自非正其谊不谋其利，明其道不计其功之造❺，其孰能与此？是故根之于性，发之以诚，令民与上同意，如是而终日乾乾，时无满假，功愈盛而心愈下，道愈行而守愈密，则固之不以城郭，居之不以宅室，藏之胸臆而三军服者，此古之贤将也。继光则岂敢？惟旦夕淬砺，庶几无负今日之言。遂为叙。

定远戚继光撰

校记

❶学津本、李承勋本无"诸"字,据西谛本补。

❷"一一",学津本及诸清刊本均作"间",今从西谛本、李承勋本。

❸学津本及诸清刊本无"所以"二字,此据西谛本、李承勋本补。

❹无伪,亦有作"无为"者,如李承勋本,仍从学津本。

❺学津本作"明其道不计其功之造诣","诣"当为衍文,今据西谛本、李承勋本删。

卷首

任临观请创立兵营公移

分守浙江宁、绍、台等处地方参将、署都指挥佥事戚继光，呈为处练陆兵以便图报事。

切照卑职一介武夫，叨承祖荫，驱驰北塞，艰苦数年，是以犬马衷诚，谬蒙剡荐；方面再迁，涓埃未效；尸位之惭，徒极俯仰！再叨前职，水陆兼司，陆战尤切，但情俗异宜，只得勉奋。至于身先士卒，临敌忘身，职虽武愚，少所素讲。又况世荷豢养之恩，正犬马效力之日；且进有荫赠之荣，退有典刑之及，岂敢偷生！但设使本职统有节制敢战之兵，经练素孚之卒，一鼓齐进，血战抵敌，我虽创艾，贼亦破胆。如此，则设有不虞，实所甘心，愿膏草野以图补报。惟恐即今既无堪战练制之士，若不呈鸣，预处教训，必待有事，仍如目前流寄杂兵，以塞燃眉之责，兵将睽违，虚声冗众；士心未附，军令不知。及或借取福、广船内水兵，驱之陆战，数里以前，望贼奔溃，闻风破胆，虽有武勇数人，并为遮拥，而使本职孤身赴敌，效死职分，更于地方何益？殊增贼势猖狂，以贻羞笑。

本职承命以来，旦夕兢惕，兴思及此，无任忧惶。况两浙数年军书警报并无一日之停，武官兵卒俱涉经年之战，纵有练兵之志，亦无可乘之时。幸今大寇就戮，万里廓清，本职何缘遭逢此暇，藉隙为备❶。但去来年风汛仅有三二月之日，尤该将官惜力分阴之际。再照水陆之兵，险易不同，战斗之间，利害尤别。其水战固为不易，至于陆战，锋刃既合，身手相接，彼死则此生，势不俱存。又况浙兵俱系赤体赴敌，身无甲胄之蔽，而当惯战必死之寇；手无素习之艺，而较精铦熟巧之技。行无赍裹，食无炊爨，战无号令，围无营壁。穷追远袭，必寄食于旅店；对巢拒守，必夜旋于城郭，而在今不得不然也。

为今之计，必队设火头，行锅负之以随军；身带干粮，赍裹备之以炊爨。兵有营壁器具，立之以相持，宿饱于野，庶为有制。故本职意以必用先创营壁之法，退则后有可恃以更番，进则对垒可恃以无虞。

或又谓方今寇至不时，急求目前之用，而必待从容创练营伍，缓不济事，诚似迂谈。殊不知三年之艾，不蓄不得，而杀贼练兵，可以并行不悖。除将见在倭寇，一面照常督集官兵战剿，一面统集新兵，或储器、教艺、练营，待教练有成，即可期实用矣。至于临敌制变，防诈设奇，在将自出，难以逆计。

及照本职本以一将之官，故所思不出三千之法，宁言粗鄙而有遗漏，欲求实效；不敢粉饰而繁辞章，徒事虚文。谨将创制营规，缺欠该备器械，逐一开载外，查得接管前官任内，并无交代水陆堪战堪教兵士，欲行未便。伏睹《平倭疏》内一款："总参等官，详计某府县、某卫所应用防守若干名，某港、某寨应用守御若干名，每参将应用三千名，副总兵分管陆路，应用浙直兵三千名，见在各卫所军士堪用若干名。会算既定，前后令各参将协同兵备，将所辖各府州县新旧民快、义勇严加拣选，务得膂力骁壮之人，但有老弱，尽行汰去。责取里老邻右保结，攒造花名文册，明白开注身材面貌，给牌悬带。选完之日，每兵备道将所辖地方通计若干，就中挑取三千名，责付参将管练，专备本地陆路截杀及听军门调用。"

又一款开在参将者："参将常用❷训练，拣选不精，训练不熟，责在参将、佐贰官。名数不充，工食不敷，责在兵备及府州县掌印官。"又开各兵备道："将挑选过精壮之人，务足三千之数，交付参将，与同官军时加操备。居常教练，遇敌交战，参将之责；平时阅视，临阵监督，兵备之责。"等因。

续蒙提督军门阮白牌为军务事，内开："贼遁温、福，仰戚参将驻扎绍兴，将兵备道原募兵勇三千名，逐日操练，拣去庸弱无艺之人，照数选补，听候调用。"为今之计，合无照议，并遵牌内事理选练，其不足额数者，或许职亦量行自募，充补其册，内应用营壁器具，金鼓旗帜，何项银两相应取办，伏乞批行。应该衙门从公议处，缘干处练陆兵以便图报事理，未敢擅便，为此，理合备呈，伏乞裁夺施行。嘉靖三十五年十一月十五日呈详钦差提督军门阮蒙批："兵备道行府，照数处办，缴依奉备行。"绍兴府委官经历归本估造，该府库贮，并无海防银两堪动等项缘由，仍备呈钦差总督军门胡批："该府既无堪动银两，仰布政司查给，缴通并行绍兴府给造。"

新任台金严请任事公移

分守浙江台、金、严等处地方参将、署都指挥佥事戚继光，为请乞专任责成，殚瘁心力，大振久沿海防军伍以图补报事。

切照本职本以废弃之馀，误蒙使过之用。看得任内台州一带沿海卫所，自初建置，本以保障生民，捍御地方，故民出膏脂以供馈饷。今积承平二百年来，一旦被有倭患，其民社供馈军饷且如旧矣；而军伍不惟不能保障生民，无益内地，且每事急，又请民兵以为伊城守。是供军者民也，杀贼者又民也；保民者民也，保军者又民也。事体倒置如此，殊失祖宗建牙之意。

况台海一带，远在浙江一隅，将权独当一面，势甚可为。但世情狃于四事：其虚文误日，第一也。间有任事者，而不得弊源肯綮，二也。又有见今日之军疲惫懦弱，略似人形，遂谓必不可振，因噎废食者，三也。甚至以军为额设，恐整用杀贼，致有损军之罪，四也。夫然则民兵独非命耶！但今日蛊坏之极，干蛊之事，如创始相似，苟存其成法之体而少变其意，以救其弊，庶成法亦不至废。

合无假职一方❸便宜之权，凡利有所当兴，弊有所当革，悉容职随时制宜，次第修举，与兵备道计议允行。一应掌印操陆管事军官，悉容职务在得人，一面因才授能，随时便宜更置；一面疏名分巡兵备道会详请用。及别衙门有所更置，职境沿海管事军官亦必行职查覆。其措置之要，一曰首正名分，使指挥千百户旗军丁舍，秩然有序，而卫所之号令，必行于上下；二曰拿治剥军贪官，以苏久困之卒，使士气渐裕；三曰重治刁军刁官，使卫所之官敢于任事；四曰禁所伍越序文移，无印白呈，以肃军政；五曰谕以忠义，厚恤战亡，以劝亲上使长之念；六曰清磨户口，均编差役，以养荷戈之力。至于追摄出外，跟官清查影射役占，操练鼓舞，身先教习，凡可以充实行伍、激发士气者，悉听职随机转环，不必拘定常格，多方以振饬之。如遇事体重大，听会兵巡道施行。而有司军粮，按月征放。如此而二年之外，使沿海官军不能堂堂一战者，皆职误国罔上之罪也。如蒙允谕之后，定知谤书盈箧，积毁销金。然世豢臣子，分在马革裹尸，成败利钝，岂足暇顾！仰仗部院威明，伏乞钧断，为此不胜激切。理合具呈，伏乞照详，明示施行。嘉靖三十九年五月十三日呈详钦差总督军门胡奉批："所据条陈数款，深为有见，且切中时弊。本官为一方大将，既肯挺身任事，则一方军务悉以委托，俱许便宜施行。若事体重大，必须公议，亦听会同兵巡二道，斟酌计议而行，具由详报。此缴。"又蒙巡按浙江监察御史周批："前呈文蒙批，所议皆有见，且中时弊，因以见本参撼忠殚虑，与碌碌虚遣者不侔。但更张有渐，上下乃孚；若外至之言，决不能损，亦不必过防之也。此缴。"

纪效或问

束伍既有成法，必信于众，则令可申。苟一字之种疑，则百法之是废，故历述所急与可辨者，为或问以明之。必其信于众，而后教练可施。于是，以《或问诸说篇》为卷首。

或问曰：平时官府面前所用花枪、花刀、花棍、花叉之法，可用于敌否？子所教亦有是欤？

光曰：开大阵，对大敌，比场中较艺、擒捕小贼不同。堂堂之阵，千百人列队而前，勇者不得先，怯者不得后，丛枪戳来，丛枪戳去，乱刀砍来，乱杀还他，只是一齐拥进，转手皆难，焉能容得左右动跳？一人回头，大众同疑；一人转移寸步，大众亦要夺心，焉能容得或进或退？平日十分武艺，临时如用得五分出，亦可成功，用得八分，天下无敌。未有临阵用尽平日十分本事而能从容活泼者也。谚云："到厮打时，忘了拿法。"兵岂易言哉！俞公棍所以单人打不得，对不知音人打不得者，正是无虚花法也。

长枪，单人用之，如圈串，是学手法；进退，是学步法、身法。除此，复有所谓单舞者，皆是花法，不可学也。须两枪对较，一照批迎切磋，擖挤、着拿、大小门圈穿，按一字对戳一枪，每一字经过万遍不失，字字对得过，乃为成艺。后方可随意应敌，因敌制胜也。

藤牌，单人跳舞免不得，乃是必要从此学来。内有闪滚之类，亦是花法。定须持标与长枪对杀，先标使去，亦要不早不迟；标既脱手，要进得速，出刀快，方为成艺。

钩镰、叉钯如转身跳打之类，皆是花法，不惟无益，且学熟误人第一。叉钯花法甚多，划去不尽，只是照俞公棍法以使叉钯、钩镰，庶无花法而堪实用也。

或问曰：子所撰抑南北可通施之于今日耶？抑水陆可兼用否耶？无乃觅形索景，未免使人有读父书之忧。

光曰：如束伍之法，号令之宜，鼓舞之机，赏罚之信，不惟无南北水陆，更无古今。其节制、分数、形名，万世一道，南北可通也。若夫阵势之制，特因浙江一方之地形，倭贼出没之情状，以形措图，以熟愚民分合之势，以教畎亩初用之官，随敌转化。苟用之异地，是诚难免父书之忧也。不敢统为夸诞以误阅者，故特备说于左。

夫倭性疑，疑则迟。兵临之时，我若进而有制，彼若先不预闻，便不就合，我得易于分布。余数年百战，但见诸贼据高临险，坐持我师，直❹至日暮，乘我惰气冲出，或于收兵错杂乘而追之。又能用乘锐气，盛以初锋。又其盔上饰以金银牛角之状，五色长丝，类如神鬼，以骇士气；多执明镜，善磨刀枪，日中闪闪，以夺士目。故我兵持久，便为所怯。余所著《操练图》令内，切切分详退兵之法，谆谆面谕鸳鸯阵势速战之条者，良以此也。

若夫北方平❺旷，地形既殊，虏❻马动以数万，众寡亦异，驰如风雨，进不能止，岂可以此用之者耶？或曰：必如何而可？余曰：北方之事，须革车二千，练骥万馀，甲兵数万，必兴十万之师，如卫公之法而不泥其迹，乃可收功尺寸，出塞千里，少报国恩之万一也。或又问其法何如？余曰：十万之才，非余所及，但当别有十万作用。长叹而作。

或问曰：主将者，万人之敌也，而一技一艺似不必习。

光曰：恶！是何言哉！夫主将固以司旗鼓调度为职，然不身履前行，则贼垒之势不可得，众人之气不肯坚。前行之士，得以欺哄避难，而逆诳莫可辩❼，斯赏罚不能明，不可行也。如欲当前，则身无精艺，已胆不充。谓习艺为不屑，可乎？及其平日也，士卒乃以艺而胜敌者，非有督责，愚人不知为防身立功之本，既多怠逸。如欲教阅，必须凭左右教师以定高下，便致教师得以低昂其间为索诈之计。士心既不平，学技即不真，而花法无益之艺，得以入乎其间。况为将之道，所谓身先士卒者，非独临阵身先，件件苦处要当身先；所谓同滋味者，非独患难时同滋味，平处时亦要同滋味。而况技艺，岂可独使士卒该习，主将不屑习乎？

承平以来，纨绔之子间一戎装，则面赤如丹，执锐则惭笑莫禁。为主帅者，苟能一身服习，而凡下我一等者，将焉敢惭愧惶惑，赤面动心。谁不曰位势如彼其尊，威令使我奔走者尚如此，我又何疑怯而不屑？使知披执非辱己之事，醒然为当然之役，而良心矢发，练士如林矣。孰谓一技一艺非主将之可屑为耶？

分门习技者士卒，而所以杂其长短、随其形便错而用之者，主将也。不习而知之，临时焉能辨别某器可某用，某形用某器以当前后？临时不知用，盖由平日不能辨别精粗美恶之故也。及或托之章句中，不知器技之用者，造之付与士卒，无异闭目念文，到底不识一个字。如此，则器技必不精。晁错曰："以其卒予敌也。"斯言可不信乎？主将又可以为一人之敌而不屑乎？

平时器技，必须主将件件服习，以兼诸卒之长。既习则能辨❽，又须件件亲诣，亲手看试过，方可付士卒，勿谓我有捷法，百件之中抽其一二试之。此是三军性命所系，国家地方安危所关，设有一件欠精，临事一人先失，大众被累。勿谓我有抽看之法，而造者不测，便不敢草草。勿要顾惜威重劳冗而试较不全，万分叮咛告嘱！

或问：祖宗自设官军至今，操练二百年矣，比子之操一二年者，孰为习士？官军亦有阵法，场中演习而皆不裨时用，何也？

光曰：且如一学生，平日窗下讲习的是《五经》《四书》，解义策论，一旦入场，试官出来题目，就是经书上的，便可中得个举子来。若平日虽是手不释卷，却读些杂说诗词，作些歌赋传奇，一旦入场，要作经义策论中选，所习非所用，如何可得？就是好学的，也徒然耳。今之军士，设使平日所习所学的号令、营艺，都是照临阵的一般，及至临阵，就以平日所习者用之，则于操一日，必有一日之效，一件熟，便得一件之利，况二百年耶？况自幼而为武士者耶？奈今所学所习❾，通是一个虚套，其临阵的真法、真令、真营、真艺，原无一字相合，及其临阵，又出一番新法令，却与平日耳目闻见无一相同，如此，就操一千年，便有何用？临时还是生的。且如各色器技营阵，杀人的勾当，岂是好看的！

今之阅者，看武艺但要周旋左右、满片花草；看营阵但要周旋华彩，视为戏局套数，谁曾按图对士，一折一字考问操法以至于终也？此是花法胜而对手工夫渐迷，武艺之病也；虚文张而真营却废，制阵之病也。就其器技营阵之中，间一花法尚不可用，况异教耶！异教与不教同，况不习耶！司阅者可不端明双目，以任习服之人为较量之衡耶？

或问：常操之套，果可用于临敌否？而真操赏罚精微之处，亦在此否耶？

光曰：操兵之道，不独执旗走阵于场肆而后谓之操，虽闲居坐睡嬉戏亦操也。善操兵者，必使其气性活泼，或逸而冗之，或劳而息之，俱无定格。或相其意态，察其动静而搏节之。故操手足号令易，而操心性气难；有形之操易，而不操之操难。妙❿能操而使其气性活泼，又必须收其心，有所秉畏兢业。

又有操之似者，最为操之害。何则？欢哗散野，似性气活泼；懈苦不振，似心有兢业。为将者辨此为急，知此可以语韬钤之秘矣。猎人养鹰犬，故小道也，将无所似乎？

且夫好生恶死，恒人之情也。为将之术，欲使人乐死而恶生，是拂人之情矣。盖必中有生道在乎其间，众人悉之而轻其死以求其生，非果于恶生而必死也。故所谓恩赏者，不独金帛之惠之谓，虽一言一动，亦可以为恩为惠；所谓威罚者，不独刑杖之威之谓，虽一语一默，亦可以为威为罚。操之于场肆者不谓之操，所谓筌蹄也。而兵虽静处闾阎，然亦谓之操，乃真操也。微乎微乎，妙不可测！神乎神乎，玄之又玄⓫！此圣贤之精微，经典之英华，儒者之能事，岂寻常章句之可拟耶？况诿之曰弓马粗材，武夫血气之技，乌乎可？

一、正行伍说

行伍大略，前制旗帜内已载。今定每十人为一小队，即伍也，置立木腰牌各一面。四伍一哨，即大队也，腰牌一面。每官方色腰牌一面，各内应开姓名。另图牌式于前。仍查军律，参酌人情，定立军法若干款。紧要者，印油于牌阴，稍缓者，并前令通刊为一部。如一队之长，须知十人内某贫某富、某强某弱、某在某往，一呼之间，一名不遗，一见之间，逐名俱识。大而百人之长，千人之总，偏裨大将，各以此考之，足辨兵士情意，教练之勤惰也。务使人有管鲍之知，方可望其同心戮力之战。

一、制器说

造用之法，中间将官多推于有司，盖避嫌耳。殊不思临戎误事，其咎谁归？虽涉嫌疑，有不容于避者。但银两出入不亲❶，何嫌之有？其买办工料，巡视监制，随完随试堪否，行罚任怨，须将官亲为之，方俾实用。不然，止专降式受成，纵使数更得精加倍，不无耽误时月，则是航海者渔人，而造舟者梓人，彼何与于利害，而焦劳困苦以底其精？司出纳者，惟知屡估务至减价，以为省一金则民受一金之赐，且估之不奢，司事者无从侵克。殊不知委用非人，稽查无法，任是如何估减，愈减愈于器具上剥削，而自侵之数原不减也，谁肯又将己资佃造？更不知器具造成无用，并将给造之资，尽数置于无用之地。所谓惜小弃大，掩耳偷铃，而他人坐邀一己之名，重贻当事之害。又复重估再造，其时将以省民耶？将以遗害耶？况误大事者耶！呜呼！有大计者思之。

一、教阅说

前兵既选充足，轮进教场，将官逐照长❶操教习格式，忘去势分，各随所长，如法逐名教诲。务使人知习服器艺之乐之益，欲罢不能，非止为答应官役而为之。恩威兼著，情法相融，中有梗玩者，重治以警其馀。周而复始，已完，通行合营演总阵一日。

其营阵之制另具。

一、调发说

照得南方用兵，已逾数年。军民兵士操集之久，岂止曰善人七年之期，不可谓无三年之艾。至今称习士节制者犹鲜，盖由平时操练，既不惜光阴于无事间，又教者非其所用；而有事之际，又复立名"选锋"，每哨队内抽其愿者、强者，凑合而发，咸知兵无选锋之虑，独忘临敌易将之危。人心忽更，所属行伍分离❶，上下易置，已难责成。至于功不能成，则是授以藉口之柄，此其所以积兵徒久而乌合如初也。

合无❶今后各官所部兵马，但遇调遣，不必分其强弱，止将所部官职名书牌调发。彼既任教练之责于平时，而临敌失律，必无词以他诿，且知其终于自任而亦皆殚心力于教练鼓舞之日也。况选锋之说，盖选于无警之日，非选于对垒之秋。一营之内，未尝尽强而无弱，兵家亦未尝弃弱而不用。惟一调发则练兵有暇，军士情通，遇敌庶可以期齐勇之用。

一、操分合说

南服之地，水田畦径。至稻青可萦纡❻，途路宽者不过五尺，小者一尺，仅容侧足。皆水田茂禾，深稻难行，三五人即塞。往往用兵千数百人，密相蚁附，一路而行。一遇败衄，前后拥迫，蹂践落田中者，复为田港水泥所阻，往往失事甚大，盖由不知分合故耳。然径多路纷，须分兵数道，大张其疑，照号令，如有路若干，则分若干枝，务尽占其路，使我之众，疏而不断，密而不杂。单行牌后，各赤下体。遇贼则正面径上者牌立不动，为迎敌正战；赤体者，下出田中。分合变化，出入伸缩，令各以便，俱不羁禀于中军，听随前队官长主张。若进止大规，统于中军之总号令，各兵又听各部之令，庶得分合之法。

分营式另具。

一、对敌说

我兵所以屡败，有三：素无节制，一也。未见敌而先走，二也。既无营壁可恃，人胆先怯；卒皆野战，即使胜之，不足以当贼更番，终于败溃；不胜亦无所奔依，故奔北长往，所谓无制之兵，有能之将不可胜，三也。今照前营已定，如贼来冲，或二三人，或五六人，我兵俱伏旗息鼓，器械俱偃肃不动，待彼冲到六七步内外❼，亦不动，贼必退去。渐益前来，如加至百十以上，炮手照依对敌次第，俱随牌立于濠岸高土之上，如令打放，空者复装，饱者续放，放者方装，装者又发。如此则虽终日，炮放不乏，必无放尽而无炮之失。弩射手坐于岸土之下，亦如令，间名准射，射者后续，亦不歇竭。再至十步之内，方才长牌听鼓，堵墙而进；枪刀短棍，夹牌而入。大营相应，金鼓火炬，此节制正战也；战间，翼击以分其力，游伏以疑其专❽，出奇以乘其众。更番妙处，俱在临时制变，将所自出。

一、下夜营说

照得两浙自用兵以来，每遇敌，昼则空腹围战，至夜，复又饥奔二三十里之外人家，或入城郭宿歇，至晓复合。而贼于一夜之内，黑地预设奇伏，转移流突，自昏至旦，五六十里有之。我兵及明寻觅贼所，行疲气怠，又有未战而已过其贼伏者，有之，往往取败。再或不入其伏，定失其地利。

是以我劳而不及谋，贼逸而伏多中。

为今之计，夜营既熟，复有炊灶，宿饱于野。遇敌即与昼夜相持，遇倦，以奇绕之，遇暗，以死士乘之。将见贼欲散掠而畏兵相守，不敢分其势；欲聚战而我有守具，不得与我战。灶炊无所，饥窜必矣。掎角上策，无出乎此。

后开旗上灯笼布罩者，夜操之具也。布城蒺藜拒马者，立营之垒也。枕镢等者，治营之器也。

今人治兵，常曰：古法筌蹄之具耳，不足以施于实用。呜呼！天下有无方之医否耶？盖地方风气不同，人之情性各异，不能因其所明而通其所蔽，遂谓兵法不足以施于实用，是岂为能兵者哉？此特自治于我之军中为然，况敌情千变万化，地利到处殊形，抑将何如以应之？且如浙江乡兵之称可用者，初为处州，继而绍兴，继而义乌，继而台州。至于他处，则虽韩白再生，不可用也。是皆有其故焉。何则？处州为乡兵之始，因其山矿之夫，素习争斗，遂以著名。及其用之杀倭，不过仅一二胜而已，以后遇敌辄败。何也？盖处兵性悍，生产山中，尚守信义，如欲明日出战，先询之以意，苟力不能敌，即直告曰不能也。如许我以必战，至其期必不爽约，或胜或负，定与寇兵相一接刃。但性情不相制，胜负惟有一战，再用之痿矣，气勇而不坚者也！此兵著名之时，他兵尚未有闻，及三十二三年，方有绍兴之名。

盖绍兴皆出于嵊县、诸暨、萧山并沿海。此兵人性伶俐，心虽畏怯而门面可观，不分难易，无不领而尝之，惟缓急不能一其辞。然其性颇为无奈，驱之则前，见敌辄走，敌回又追，敌返又走。至于诱贼、守城、扎营辛苦之役，则能不避。驭之以宽亦驯，驭之以猛亦驯，气治而不可置之短锋者也。此后方有台兵之名。

盖台兵以太守谭公之严，初集即有以慑其心，故在谭公用之而著绩，他人则否。其人性与温州相类，在于虚实之间，著实鼓舞之，亦可用。

岁己未，以义乌尹赵公之集兵，予奉命会选而教练之，为部伍，于是而始有义乌之名。以前非无乌兵也，盖辄屡出屡败，故不为重轻。义乌之人，性杂于机诈勇锐之间，尤事血气，督之冲锋，尚有惧心，在处兵之下。然一战之外，犹❶能再奋，一阵之间，犹能反戈。但不听号令，胜则直前不顾，终为所诈。

至于他处之兵，伶便谲诈、柔懦奸巧，在我鼓舞之令未下，而众已预思奇计为之张本矣。等而别之，得其人而教练焉，毕竟处州为第一，义乌次之，台、温又次之，绍兴又次之。他不在此科也。

其操治处兵之法，在操其坚耐而使之屡阵不销其气。其操义乌之法，要破格恩威并称，必使其听节制，进退一如约束。不患其不强而患其不驯，不患其不胜而患其骄。其操台、温之兵，必又加严一等。其操绍兴之兵，必须重令以劫其心，决令以立其信，操之能以短兵交刃，而后可用也。至于他处之兵，必洗涤其肠胃，尽去其故态，施不测异常之令，然后仅能及绍兴兵耳，不然吾不能也。如此，则无兵不可冲锋，无兵不可麋斗，浙之强兵，不可胜用矣。

或又问曰：今之处民，销废怯弱极矣，而君犹以处兵称首，何也？

予曰：兵之胜负者气也，兵士能为胜负而不能司气。气有消长，无常盈，在司气者治制之何如耳。凡人之为兵，任是何等壮气，一遇大战后，就或全胜，气必少洩，又复治盛之以再用，庶气常盈。若一用之而不治，再用则浊，三用则涸，故无常胜之兵矣。譬如清泉细流，辄以巨罂连汲之则[20]浊，浊而不少间以蓄之，则涸。必汲其清而澄其浊，又停其汲，故能供再汲之罂，斯罂常满而流弗可涸。是处兵之初用时，正始达之泉也，而将领不尚节制者，用其气而不蓄，虽一二胜焉，气已浊矣，犹未涸也。由是处兵之名著天下，无处不募处兵，而先浙，次直，次福建，皆处兵矣。夫处既募广，将领乃多，岂能人人皆良知清明，尽谙治气用兵之机也？于是用其名而卤莽以耕，灭裂以获，诡遇得禽，遂至于涸，遂至于大衄而不可复振。

今之义乌兵已蹈处兵故辙矣，予忧更甚。

夫义乌兵自隶予部下二年，遂有台州辛酉数捷。至或身亲之人亦有云云者曰："义乌兵天生性勇，固不假将领教习之力而可用也。"今处处募义乌兵者，远自福省，故不知义乌弹丸之地，通计能几十万丁？就中再择其勇而壮者，又复几何？今纷而应四方之募者二万有馀矣。编民之家，老幼官吏生员杂役外，十丁五丁可得一壮士否欤？又加之以各处不一之将领，未必人人知兵，未必人人知义乌兵之性，未必人人捐身家以御下。一用之不审，被一大劫，东村痛子，西村哭夫，于此之后，一邑夺气，而义乌之兵不可用在目前矣。

或曰：如君所驭，义乌兵何以能然？

予曰：粤于己未冬初集之，其在平时也，用破格之号令，施极重之赏罚，严如霜雪以立威信。或以教场中行临阵事，或以谈笑间陈刀斧威。其所以佐威信之必行而无他虞者，或亲执汤药以调下卒，或同劳苦以共跋涉，或夜宿队伍之中，或出其私积之物。虽士卒一尺之器，亦亲经较验而身先习之，为诸士倡。夜无终寝之席，日无不吐之哺，此心时刻无或少怠，虽累胜之卒而驭之更百倍于未胜之先也。夫方寸之微，出入无乡，一少恃其旧气，便着障根，以渐变去，便至不可收拾。是故世未尝无百战百胜之卒，惟在我无百战百胜之心耳。

及于用兵临敌，则去战期二三日之前，先以塘报约之重刑厚赏，追随贼之动静，图报贼之地利，凡贼一举动必有报，凡逾一时辰必有报。又至举战一日之前，则所部亲兵能卒，多至一二百人，尽数分遣四布贼之左右，及㉑或有入贼之腹心者。凡贼分合出入，多寡向往，进兵路径，举皆洞然矣。方以其所得情形，或以泥塑为山谷巢穴状，或以朱墨笔图别分布，使各头目了然如素履，然后克期分路如所议，给信票口令以进于敌所。未阵而恐其迟，及阵而恐其暇㉒，交阵而恐其诱，既胜而恐其骄。精神心意，举无不流通于士卒敌人之间，而凯收之馀又复如。解衣以收亡骸，出帑以恤孤嫠，重其锋镝之赏，而明其连坐之诛。虽大败中亦有必赏之士，大胜中不无行刑之人。随查其心神志气之利害处，从宜鼓舞㉓之而决其机。器械行伍，一战即如故，则不更。两战之后，虽全师如故，则士卒轻伤亦多，器械损折亦多，断然星夜择其中军一哨或头目有事故者，伍下之人，分投补足，以中军所蓄器械那移贷之，务使战营行伍，一卒不缺，一器不乏，然后又为再出之举也。八㉔阵所谓游兵二十四队，防备设疑补缺之用，正谓此也。是以各营时时有常足之额，士卒有常盈之气。今予之中军者，即八阵之游兵也。此在主将，决当常备数百之人，亲养练于中军，临时方得如此设施。若平日无是备，一时岂能呼召也哉？用之出征异地，尤为紧要一着，此固多术，亦为局方。至于因敌转化，因变用权，因人异施，因情措法，消息之以神妙不测，无方体之微者，又非笔舌所能告也。

夫喋喋之言，非夸将术以肆骄矜，盖欲闻诸同志，慎用此兵，共藉壮士之力，以尽职分，以报君父与知己也。不然，他处之义乌兵坏，则一邑之人一体相似，区区部曲，由此易虑矣，今岂能独恃于久远也哉！识予不得已之心，然后予为无罪，予言庶万一有补云。

或曰：如台州辛酉之捷，宁能再得乎？

予曰：可能者人也，不可能者天也。台州之捷，人也，予可继也。台州之全师，非人也，天也，不可必也。他日之遇贼必战，战而多胜者人也，予能也。若如辛酉之每起必胜，每胜必全师，每战无逾一时，不独算而必中，且多奇中者，予不可必也，皆天也，数也，与督府司道帷幄之秘机也。同志者宜鉴乎此，毋诿之于义乌兵之力而自误焉。

今之乡兵狃于平昔所习武艺之蔽，不信师教，遂误大事者甚多，何则？如乡兵所执，名为锐、叉、钯、镋者，横头用无刃铁梁，柄头用平顶铁箍，长不逾眉。其所习之法，又前后左右回头跳舞，双手平拿，两头所馀不过一尺。渠盖如此习之，及其平日在乡党争斗，每打必胜，遂自谓无敌，虽有他师教以别法，皆不听从。盖渠用之利、习之成、信之深故也。殊不知此器此习，乃乡中互相争斗用之，彼此皆然。且恐以刃伤人，得罪必重，故只用此物打伤，就或打死，终非刃杀之意。其贼之来也，利刃长锋二丈有馀，及身寸馀，应刃而毙，以一尺无刃之物，而当一二丈利渺之锋，就能见肉分枪，亦只格得他开去，不及我身幸矣，便终日对局，岂能跳进一二丈之远以中彼哉？就中彼，不过打一击，苟不中在头颅，便能死人否？贼亦得之刃于我也，逆而执之，反为所误。遂谓叉、钯、锐、镋不可用，习艺为无益，有是理哉？

又如长枪，近见浙江之习，皆学处州狼筅法，中分其半，官军所传之法，亦有回转。但大敌交锋，与平日场上相对比不同，千百之人簇拥而去，丛如麻蓬，岂能舞丈馀长竿，回转走跳？若此则一二丈仅可布一人而已，不知有此阵否耶？至于中分其半，则又后尾垂带，一为左右之挨挤，手中岂能出入？遂乃遇敌而败。不曰习艺之非，制器之误，乃曰枪不可恃，于枪何尤哉！故用钯、锐、钩镰、叉、镋之类，必如予所载《短兵长用说》篇内制之习之，长枪之属，必如予所载《长枪短用说》篇内制之习之，乃为得宜。

今之司教士之责者，须先一一随其土著之所习尚器艺，如善者听之而求其精，如非大敌所宜者，须先一一说破执迷之病，然后说我新制之利。待彼晓然知旧习之不利以慕我之利，然后督习既成，人人自知足以恃而前，则弱兵可勇，勇兵必不为习所陷没，可以语成功也。

或者曰：君用兵酷嗜以节制，遂至成效，节制工夫，从何下手？

予曰：束伍为始，教号令次之，器械次之。微权重焉，不能传也。当于经籍中采其精华，师以意而不泥，实事中造其知识，衡于己而通变，推而进之于真武，直取上乘，则率性之谓道。格物而知至，知至而意诚，意诚而心正。孔子曰"我战则克"是已。勿谓行伍愚卒不可感通，恃无本之小勇，倖狙诈之一中也。呜呼！

校记

❶"藉隙为备"，学津本、庚寅本、文渊阁本作"微隙为备"，今据西谛本改。

❷"用"，学津本、西谛本作"川"，据庚寅本、朱本改为"用"。

❸"一方"，文渊阁本作"一方"，其他本均作"之方"。西谛本朱笔校改为"一"，据文义从"一方"。又，公移尾附胡宗宪批语有"本官为一方大将，既肯挺身任事，则一方军务悉以委托"等语，此当为西谛本朱笔校改之本证。

❹"直"字，诸本均误为"只"，唯李承勋本卷之十四作"直"，今据改正。

❺"平"，学津本、西谛本、文渊阁本均作"原"，据李承勋本改。

❻"虏"，学津本、文渊阁本、庚寅本均改为"兵"，朱本作"士"，今据西谛本、李承勋本更正。

❼"辩"，学津本作"辨"，西谛本、文渊阁本、盛校本作"辩"，从后者。

❽"辨"，学津本等误为"辩"，今据文渊阁本、朱本改正。

❾"所学所习"，学津本作"所习所学"，据西谛本、庚寅本、朱本、文渊阁本改。

❿"妙"字，学津本脱漏，据西谛本、朱本补。

⓫"玄之又玄"，学津本及诸清刊本避讳作"元之又元"，朱本避讳作"玄之又玄"，今据西谛本更正。

⓬"不亲"，学津本作"不侵"，今据西谛本、庚寅本、朱本改正。

⓭"长"，学津本作"常"，西谛本、文渊阁本、盛校本作"长"，据西谛本等改。

❹此句学津本作"不知所属,行伍分离"衍"不知"二字,今据西谛本、文渊阁本、庚寅本、朱本删。

❺"合无"似为"何如"之俗写,戚氏为求通俗易读,书中所用口语、俗语,我们一仍其旧,不加更改。

❻"稻青可萦纤",西谛本作"稻青时萦纤",文渊阁本作"或青草萦纤"。

❼"外"字,学津本无,据朱本补。

❽"专"字,学津本、朱本作"事",今据西谛本、文渊阁本、庚寅本改正。

❾"犹",学津本、西谛本、朱本均作"尤",李承勋本作"犹",据李承勋本改。

❿"则",学津本及西谛本、庚寅本并作"斯",当因形近而讹,今据李承勋本改。

㉑"及",学津本作"又",别本皆作"及",据别本改。

㉒"暇",学津本、西谛本、庚寅本、朱本并作"瑕",点校者据文义改为"暇"。

㉓"舞",学津本作"盈",庚寅本、朱本作"舞",据改。

㉔"八",学津本误为"公",据西谛本、文渊阁本、朱本改。

卷第一

束伍篇❶

治众如治寡，分数是也。分数者，治兵之纲也，束伍者，分数之目也。故以《束伍》为第一。由此而十万一法，百阵一化，咸基于此。

原选兵

兵之贵选，尚矣，而时有不同，选难拘一。若草昧之初，招徕之势，如春秋、战国，用武日久，则自是一样选法。方今天下承平，编民忘战，车书混同，卒然之变，自是一样选法。大端创立之选，势在广揽分拣等，率均有所用，天下一家。边腹之变，将有章程，兵有额数，饷有限给，其法惟在精。

第一切忌不可用城市游滑之人。但看面目光白，形动伶便者是也。奸巧之人，神色不定，见官府藐然无忌者是也。第一可用只是乡野老实之人。所谓乡野老实之人者，黑大粗壮，能耐❷辛苦，手面皮肉坚实，有土作之色，此为第一。然有一等司选人之柄者，或专取于丰伟，或专取于武艺，或专取于力大，或专取于伶俐。此不可以为准。何则？丰大而胆不充，则缓急之际，脂重不能疾趋，反为肉累，此丰伟不可恃也。艺精而胆不充，则临事怕死，手足仓卒至有倒执矢戈，尽乃失其故态，常先众而走，此艺精不可恃也。伶俐而胆不充，则未遇之先，爱择便宜，未阵之际，预思自全之路，临事之际，除己欲先奔犹之可也，又复以利害恐人，使作他辈为己避罪之地，此伶俐不可恃也。力大而胆不充，则临时足软眼花，呼之不闻，推之不动，是力大不可恃也。兴言至此，则吾人选士之术荒矣。夫然则废四者而别图之，亦不可也。盖四者不可废而但不可必耳。谚云："艺高人胆大。"是艺高止可添壮有胆之人，非懦弱胆小之人苟熟一技而即胆大也。惟素负有胆之气，使其再加力大丰伟伶俐，而复习以武艺，此为锦上添花，又求之不可得者也。然此辈不可易得，思其次则武艺尚可以教习，必精神力貌兼收。三者兼收，又不若凭各亲识乡里哨队长举首。盖渠皆生长同闾，观其所忽也久矣，此又不可以凭选者之目也。所奈此数者，皆选兵之一筹，而必胆为主。胆之包在人心腹中，不可见，何以选为？殊不知人之精神露于外，第一选人以精神为主，而当兼用相法，亦忌凶死之形，重福气之相，此尽选人之妙矣。最勿使伶俐油滑，宁用乡野愚钝。乡野愚钝之人，畏官府，畏法度，不测我之颠倒之术，诚信易于感孚，忾气易于振作。先以异出常情之威，压之使就我彀中，而即继之以重恩收其心，结之以至诚作其威，则为我用命无疑。此万试万效之方也。若爱先玩于前，而后继之以威，则怨丛而恩不感矣。

是故遵令奉法，临事用命，所以成天下之功，办天下之事，虽小而家人父子邑里之细，毕竟克济者，威严而已。但威严不能自行永守，保无阻坏，而所以使威严之永行无阻坏者，恩与信也。彼天下之至亲至情，莫慈父之于孝子若也。子之听命于父者，以其生我也，育我也。设使父必于杀子，虽孝子且不能无私言，况乌合之众，行伍之兵耶？是以必须恩以佐使其威严，庶威严为之畏为有济。不然，则威之反为怨，严之反为敌矣。如载人者舟之功，而所以使之载者，则舵也；威严其舟乎，恩信其舵乎。此予数年之独秘，虽后日名将之出，必不易予言也。

原授器

选兵既得其道矣，其法不过相貌精健，而四十上下皆健也，二十以上皆健也。所用之器，必长短相杂，刺卫兼合。而我之选士，若无分辨，一概给之，则如藤牌宜于少壮便健，狼筅长牌宜于健大雄伟，长枪短兵宜于精敏有杀气之人，皆当因其材力而授习不同。苟一概给之，则年近四旬，筋力已成，岂能以圆径二尺之牌，而跪伏委曲，蛇行龟息，以蔽堂堂七尺之躯，伸缩进退，神出鬼没，以纵横于锋镝耶？若狼筅长牌等，授之以少年健儿，则筋力未成，岂能负大执重，老老成成立于前行，以为三军之领袖翼蔽也哉？

今将编选授器之法，开条于后：

一：❸编立队伍籍记年貌贯址之法，必在选时一日内了当。若待次日，则我所选中之人，又更换一半矣。何则？新集乡民不知法度，惟听熟人之言，倏起投兵之思，则一时恨不入选。威严之临，或有人恐以祸福，倏生畏悔之念，便就又要回家。渠盖此时既未受约束，又未食钱粮，不惟无所系，抑且无所畏。日选日更，无时可定矣。

其法，一面用白牌，上书："一号编营伍在此"。傍注某官生管。"二号记县分都图在此"。某官生管。"三号记年貌疤记在此"。某官生管。"四号记尺寸筋力在此"。某官生管。"五号记居住地名、填年月在此"。某官生管。"六号登录文册在此"。某官生管。又在空地别立一旗标，以待后项选过者。

将此六号白牌分为六处，挨号顺摆在于丹墀两边，务每牌下留空地可容一二队人，以便编记。每一号牌下用桌❹一张，凳二条，与官生坐。书手一二名。俱分立停当，然后坐堂，照前法选兵。约足够❺一哨官所管之数，又照后开条。编次一哨官毕，又选一哨官者。

二：将选中兵，先尽哨官自定部下哨长几名，就将几名内定第一哨哨长，当前立讫，馀几名且在坐后，不许行动。又听前立第一哨长于兵内自举抽出队长几名，又于队长内定出第一队长，前立，馀亦在坐后立。将第一队长令在选中兵中带愿入队兵十二名，在公座前面横一字立。先将队长用《束伍》内腰牌纸一张，于习艺空内填"领队"二字，照《束伍篇》内给与方色队旗一面，连人先送至填营伍处。其填营伍处先给定成营伍无姓名行伍册一本，遇送人到，将腰牌纸内，照营伍填毕，又连人牌送与填县分都图处。照腰牌纸内空处填毕，又连人牌送至填年貌疤记处。照腰牌纸内空处填毕，又连人送至填尺寸筋力处。照腰牌纸内空处填毕，又送至的当乡土之官管填所住地名处。照腰牌纸内空处填住处地名毕，乃将本队长带过十二名兵内先择年力老大一人，付以长牌。长牌无甚花法，只欲有胆有力，赖之遮蔽其后兵前进耳。次将年少便捷手足未硬一名为藤牌，藤牌如前说之谓也。次将年力健大老成二人为狼笺。狼笺枝篰繁重，足以蔽身而壮胆，故用法明直易习，便于老成手足已硬之人。次将有杀气有精神三十上下长健好汉四人为长枪手。又长枪之次者二人为短兵。长枪用法多，习学非身手眼俱活者不可用，此器又专主于刺，故选授又贵于精中取精。

次老实有力能肩负，甘为人下者一人，充为火兵，欲力负锅裹之重，性下肯为同类所役。

每定完一人为某器，即填于腰牌内习艺空内，连人一照先编记队长之法，挨次挨送各所立挨记牌下，处处填完。一队毕，通令队长带赴又一处，抄录腰牌纸内所填格限在册，即将一队兵送于空地立标之所坐听。

第二队照第一队法编给，挨填完毕又坐。如此，一哨内各队皆毕，将哨长亦照队长挨填，照《束伍篇》内，给与该方色大旗一面，即执于先编过本哨该管几队头坐定。又如此唤过先已发放在坐后立着的第二个哨长来，编出队长，又照一哨之法，挨队如前选编。俟一哨官的完了，授以约束，责令哨长管队长，队长管兵，每队互相识认，亦照《束伍篇》内腰牌阴面之式刷来，将全队姓名填于式内，每名给一张，粘在腰牌阴面。

三：自此为始，凡行动立止，俱照式内鸳鸯次序，前后左右，恁是如何，不许时刻错乱行立。如有一人更换，俱连坐治罪。换了兵责队长，换了队长责哨长。约在某日阖营可以选完发放，到日前来对读腰牌。如此选兵，选中即成行伍，即有统束。虽生兵乌合，今日入彀，今日即可钤束，即成军容，即不能更换，而制驭分散，即在我矣。选中一名，就得一名实人在行伍中操练。若再至通完，仍照选兵法，分立牌所，总对读腰牌一遍。差者换者，即便以重法连坐其一二人，便要立重信。此时重信一立，如古人徙木云者，以后顺手牵羊，惟我号令是听，而方可言练也。此一节已于练兵有五分工夫矣。心之精微，尽于此说，识者详之。

此一篇乃治兵之始，初下手工夫，百万之纲领也，节目由兹而寓，幸勿略焉，敢告同志。

原束伍

夫营阵之法，全在编派伍什队哨之际。计算之定，若无预于营阵，然伍什队哨之法，则或为八阵，或九军、七军、十二辰，古人各色阵法，皆在于编伍时已定。一加旌旗立表，则虽畎亩之夫，十万之众，一鼓而就列者，人见其教成之易，而知其功出于编伍者鲜矣。故营阵以伍法队哨为首，乃以《束伍》贯诸篇，庶使知次第也。

今法，长牌一面，藤牌一面，狼筅二把，长枪四枝，短兵二件，火兵一名，为一队。方而为九，直之为二伍，分而为三才，为五花。四队为一哨，虚其中，哨长居之。四哨为一官，虚其中，鸟铳、火器、哨官居之。每前后左右四哨为一总，把总居之。设与五方旗一付，高招一付，巡视旗四件，掌号一名，金鼓十二名。初谓铳手自装自点放，不惟仓卒之际迟延，且火绳照管不及，每将火药烧发，常致营中自乱。且一手托铳，一手点火，点毕且托之，即不中矣。今炮手另聚为伍，四人给炮四管，或专用一人擎，一人点放，二人专管装药抽换。其点火一人兼传递，庶无他失，可以成功。但此法只可施于城守，若临阵，不无人路错乱，引军夺气。边铳可用此法，鸟铳还是单人自放乃便。

一：器械

长牌手腰刀一口。藤牌手腰刀一口。火头每名给铜锅一口，夹枪棍一根，行即负五人预备攻围干粮，止即专司炊爨。每短兵叉头各带火箭六枝。其挨牌、藤牌上各带蒺藜十串，每串六个接连，式开于后。每小队轮带拒马六副，轮带布城一堵。铳手每名装药筒六十个，铁匙、锥各一把，铅子一百二十个，皮袋一个，布油单一张，锡鳖一个（盛线药）。每队或杴或镢一把。该添或射手、或毒弩手、或精健能行、或大刀，收入中军，专备冲锋探报等项之用。前开该用中军把总是也。此兵并不带拒马、蒺藜等项。每弓一把，长箭一百枝，边箭一百枝。每弩一张，弩箭一百枝，弩药一瓶。每哨大铳三门，不用木马，止用新制极便合口大铅子，每三门如式，送子一根，铁锤一把。中军九门。中哨内火箭一百匣，匣如式，箭如新制。又如千里雷等铳，系中军巧法，相机出奇所用，此不载。

以上图式用法，俱开后册。

二：杂流匠役

每一营火药线匠一名，木匠一名，铁匠一名，大铳手三名，各带全副器具。每把总哱啰一名，喇叭一名，号笛一名，鼓四名，锣手一名，摔钹一名。中军台上下营吹鼓手共❻三十八名，医士二名，医兽❼一名，精占筮者验留，裁缝二名，弓匠二名，箭匠五名，火药匠十名，大铳手一队三十名。

三：旗帜、灯❽

每伍小旗一面，各随方色。

每队中旗一面。

每哨官蓝旗二面，门旗二面。

每总蓝旗四面，五方旗五面。

高招五方旗❾五面，每杆灯一个。

中军五方旗二副，五方招十面，蓝旗十二面，门旗十面，背上小招督战军令旗十二面，清道旗二面。金鼓二面。掌号官二员。坐纛一面。

夜营应备中军大将旗鼓上各黄油纸铁丝灯一盏，俱粗四寸、长一尺五寸。五方旗十面，十盏。吹鼓手三十八名，三十八盏。角旗八面，八盏。将纛一面，上灯四盏。

凡各杂流官生人等，每起头目各带灯一盏，粗同，但长止用六寸，低执随身。

前总哨旗上红油纸铁丝灯一个，高招一个，俱圆一尺五寸。

每一队旗上一个，色同，圆八寸。

左总同前总数，但用蓝油纸，长二尺，粗五寸。队灯长一尺，粗同。

右总同前总数，但用白油纸，方形，一尺二寸。队灯八寸。

后总同前总数，但用黑油纸，匾形，高一尺二寸，横二尺，匾四寸。队灯高八寸，横一尺六寸，匾四寸。

中总塘报等灯，俱圆而黄，小，只用八寸。

凡各每灯一盏，用黑油布四层，罩盖一个，以备一时遮隐，使寸明不露。或明营暗徙，或暗营倏明，为莫测之巧也。

罩盖图

罩盖图上面小字：此用签钻小孔，以出火气。大则露光❿，切忌不可大。黑布妙。

下面小字：此用绳贯，收口须严。

兵腰牌阳面

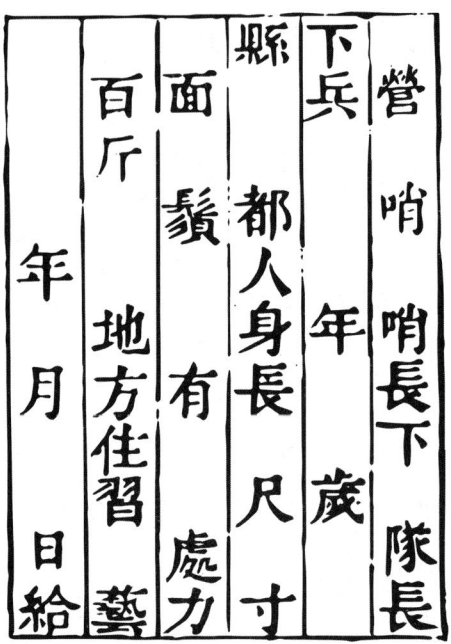

兵腰牌阴面

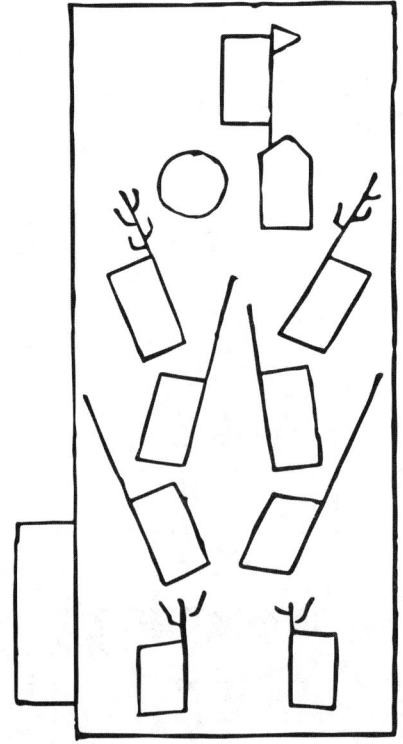

队长腰牌阳面

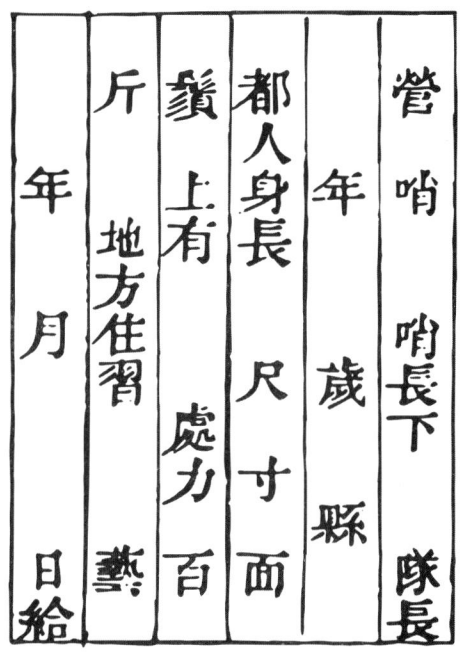

队长腰牌阴面

哨长腰牌阳面

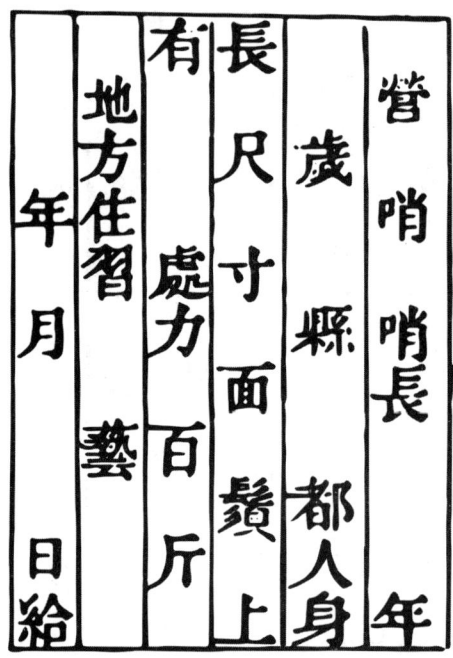

哨长腰牌阴面

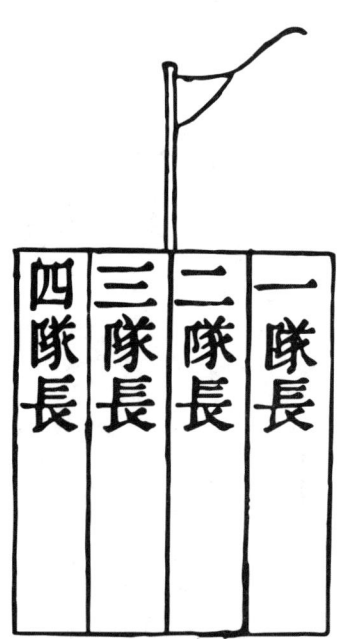

哨官腰旗

杆高四尺，径六分。旗方二尺，随方色。

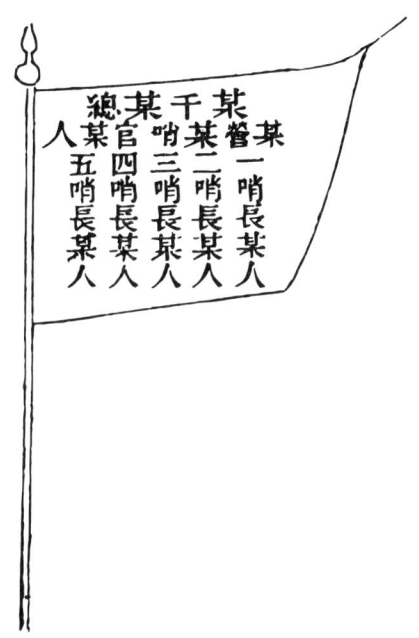

把总腰旗

杆高三尺**❶**，径五分。旗一尺五寸，依方色。

中军腰旗

杆高三尺，径二分。旗一尺二寸，带长一尺五寸，随方色。

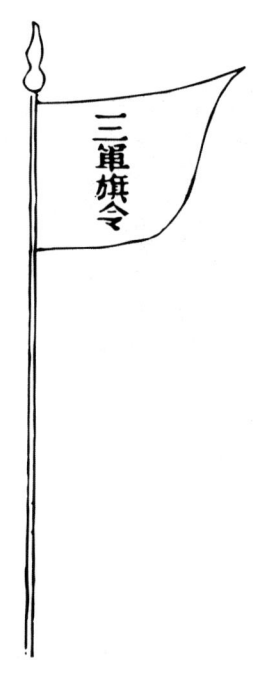

主将腰旗

杆高一尺八寸，径三分。旗八寸，带五色接。

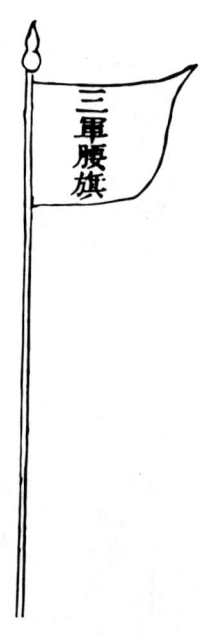

校记

❶原标题作"束伍篇第一",为调整篇次,划一体例,点校者删去"第一"二字。以下名篇同此,不再说明。

❷能耐,学津本无,据文渊阁本补。

❸条序为点校者所加。

❹"桌",文渊阁本、朱本作"桌",从文渊阁本、朱本。

❺"够",各本均作"勾",更正。

❻"共",学津本作"其",西谛本、文渊阁本作"共",据后者改。

❼"医兽",学津本作"兽医",西谛本、文渊阁本作"医兽",据后者改。

❽"灯"字为点校者根据内容所加。

❾"旗"字,各本均脱,点校者据上下文义补。

❿"大则露光",学津本作"火则露光",朱本作"大则路光"。据文义,此处作"大则露光"。

⓫"尺",学津本作"丈",各本均作"尺",据各本改。

卷第二

窃观古今名将用兵，未有无节制号令，不用金鼓旗幡而浪战百胜者。但今新集生兵，春汛逼近，一切战阵法令，若逐次教来，何时是熟？今时紧要，必不可缓，各便宜简明号令，合行刊给。各于长夜，每队相聚一处，识字者自读，不识字者就听本队识字之人教诵解说，务要记熟，凡操练对敌，决是字字依行。各读记之后，听本府点背。若一条不记，打一板。若各兵有犯小过该责打之事，能背一条者，免打一板。临阵军法不在此例。

紧要操敌号令简明条款篇

斗众如斗寡，形名是也。故万人一心，形名之效。苟士不悉吾令而徒以手足为强者，又其次也。教梃之夫，可斗名艺，形名定也。束伍既明，即当练习吾令，故以《号令篇》第二。

凡你们的耳，只听金鼓；眼，只看旗帜。夜看高招双灯，如某色旗竖起点动，便是某营兵收拾，听候号头，行营出战。不许听人口说的言语，擅起擅动。若旗帜金鼓不动，就是主将口说要如何，也不许依从；就是天神来口说要如何，也不许依从。只是一味看旗鼓号令。兵看各营把总的，把总看中军的。如擂鼓该进，就是前面有水有火，若要擂鼓不住，便往水里火里也要前去。如鸣金该退，就是前面有金山银山，若金鸣不止，也要依令退回。肯是这等，大家共作一个眼，共作一个耳，共作一个心，有何贼不可杀，何功不可立！

凡掌号笛，即是吹锁呐，是要聚官哨队长来分付军中事务。

凡正行之间，放铳一个，就是要更变号令，即立定看听，有何旗竖，有何号令，再行。

凡歇处吹喇叭一荡，火兵即做饭，众人收拾。吹喇叭第二荡，各兵吃饭。吹喇叭第三荡，各兵出赴信地扎营，候主将到，发放施行。

凡喇叭吹天鹅声，是要各兵呐喊。

凡喇叭吹摆队伍，是要各兵即于行次每哨一聚，各留空地摆定。

凡喇叭吹单摆开，是要各队即便挨队甲❶疏疏摆开，每一小队相平离一丈五尺。

凡旗点过，只吹喇叭 长声，是要各兵转身，照旗所向转过。

凡打铜锣，是要各兵坐地休息。

凡吹哱啰，是要各兵起身执器械站立。

凡点步鼓，是要各兵照先树起的旗次发兵行营，每点鼓一声走十步。

凡擂鼓，是要各兵趋跑向前，对敌交锋。

凡下营定，擂鼓立中军旗，是放火兵出营樵汲，掌号是收回。

凡各举动与交锋，但闻鸣金一声，即便立止。又鸣一声，是要各兵退还。连鸣二声，是要各兵又于脚下便再转身，向前立定。

凡打金边，是发人探贼。

凡摔钹响，是要各收队，即将原单摆开的兵照旧收成各哨，再收成每营一处。

凡塘报摇小黄旗，是有贼至。

凡旗帜，各兵认定各总哨颜色。但本总旗立起，即便收拾听令：若旗左点，则即左行；右点即右行；前点即前行；后点即后行；随旗所指而往。本总旗收卷在地，即各听令立定，如旗不起，脚下即是信地，虽天神来叫移动，也不许依从擅动。夜看高招火鼓，与昼一般。

凡鸟铳，遇贼不许早放，不许一遍尽放。每至贼近，铳装不及，往往误了众人性命。今后遇贼，至一百步之内，听吹竹筒响，在兵前摆开。每一哨前摆一队，听本管放铳一个，才许放铳。每吹喇叭一声，放一遍。摆阵照操法。若喇叭连吹不止，各铳一齐尽放，不必分层。

凡弩手射手，候鸟铳打放将完，贼至六十步之内，起火放，方许继铳后射箭，无令不许擅发。

凡鸳鸯阵，乃杀贼必胜屡效者，此是紧要束伍第一战法，今开式于后：

二牌平列，狼笑各跟一牌，以防拿牌人后身。长枪每二枝，各分管一牌一笑。短兵防长枪进的老了，即便杀上。伍长执挨牌在前，馀兵照鸳鸯阵紧随牌后。其挨牌手低头执牌前进，如已闻鼓声而迟疑不进，即以军法斩首。其馀兵仗牌刀遮抵，于后紧随牌进交锋。笑以救牌，长枪救笑，短兵救长枪，牌手阵亡，伍下兵通斩。要依此法，无不胜矣。

鸳鸯阵

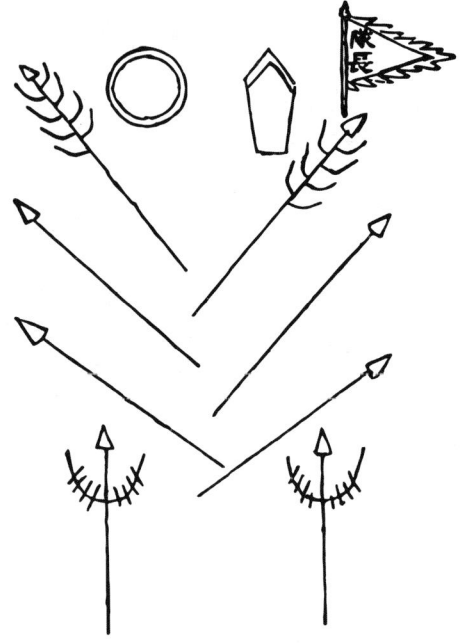

鸳鸯阵左右分变二伍之图

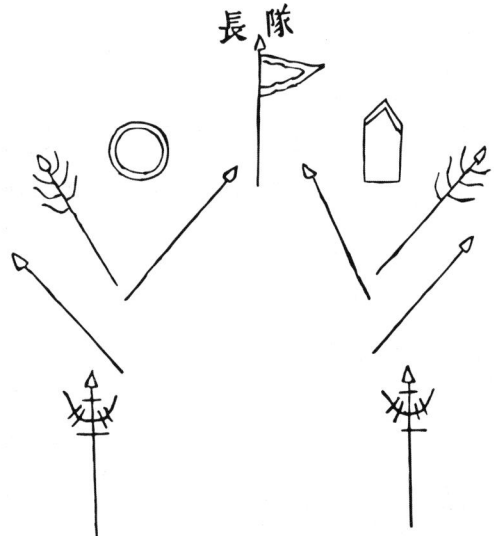

二伍各变小三才阵之图

變伍一右原

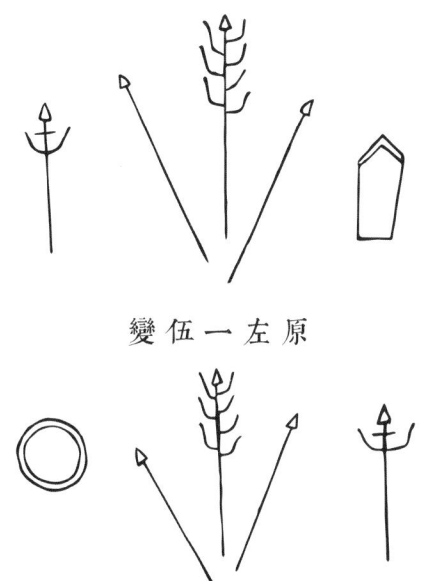

變伍一左原

鸳鸯阵变三才阵之图

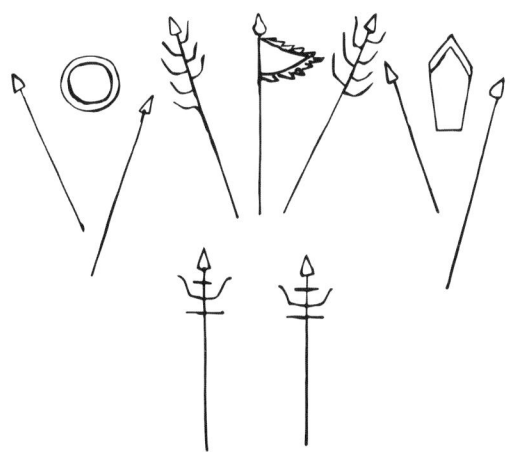

凡旗帜，制八方则色杂而众目难辨；如以东南西北为名，则愚民一时迷失方向，即难认。惟左右前后属人之一身，但一人皆有左右前后，庶为易晓。而在读书有位者，自知即五方五行之制也，然不可以之责行伍之人。凡面所向谓之前，则用红旗，即方为南，行为火，火之色属红，神为朱雀，卦为"离"。凡面所背谓之后，则用黑旗，即方为北，行为水，水之色属黑，神为玄❷武，卦为"坎"。凡左手所指谓之左，则用青旗，即方为东，行为木，木之色属青，神为青龙，卦为"震"。凡右手所指谓之右，则用白旗，即方为西，行为金，金之色属白，神为白虎，卦为"兑"。凡脚下所立谓之中央，则用黄旗，即行为土，土之色属黄，方为中，神为勾陈，卦为太极。凡人一身，皆有左手、右手、前面、背后、中央，此人人可晓。若举点黄旗，则是中军欲变动，听号令施行。若举红旗，则是前营兵欲变动，听号令施行。若举白旗，则是右营兵欲变动，听号令施行。若举青旗，则是左营兵欲变动，听号令施行。若举黑旗，则是后营兵欲变动，听号令施行。仍不必拘五营之次，但见举黑旗，俱要往后看。但见举红旗，俱要往前看。但见举青旗，俱要向左看。但见举白旗，俱要向右看。但见举黄旗，四面俱要向中看。若见五方五旗俱举点，各营四方各照本方向外执立，听号令施行。凡旗点向何方，随其所点向往，旗不定不止，旗不伏不坐。善哉！孙武子教宫嫔曰："汝知而左右手、心、背乎？"呜呼！此教战之指南，此千载不传之秘文，此余独悟之妙也。揭以示人，尤为可惜。

凡新兵初集，束伍既完，即摘出此卷，每兵即与一本，使之诵熟，以知号令，方可言场操也。

校记

❶"队甲"，庚寅本作"队中"，"队甲"于义为顺。
❷"玄"，学津本避讳作"元"，今据西谛本改作"玄"。

卷第三

临阵连坐军法篇

旗鼓既习，斯谓之名。一众人之目矣，而心则未也，于是申之以❶连坐赏罚以威其心。故《军法篇》为❷第三。

凡临阵的好汉，只有数人，每斩获首级，常是数十百人丛来报功。再不想你一起人退来报功，使众兵相望，误认是败走，大家都走了。况一个贼首，数十人报功，若斩数十贼首，就该数百人来报。不知这一阵上，能有几个数百人？反是自误了性命。此临阵第一禁约。

今后其长牌、长枪、狼筅，凡该当先长兵之数，决不许带解首刀，只管当先杀去，不许立定顾恋首级。其杀倒之贼，许各队短兵砍首，每一颗止许一人，就提在阵后，待杀完收兵，有令催验，方许离阵赴验。其谁当先，谁有分，谁无分，俱听当先队长对众从公报审。敢有因其恩仇报不公者军法。每颗首级以三十两论之，当先牌、枪、筅分二十两，砍首兵二两，馀兵无分者一两，火兵虽不上阵，本队有功，亦分五钱。每颗本队鸟铳手亦分二两。

凡战间贼遗财宝、金银、布帛、器械之类，此诱我兵争财，彼得乘机冲杀，往往堕此套中。今后临阵，遇有财帛，每队止留队中一人收拾看守，待贼平，照队收拾之多寡，各给本队兵均分。百哨队长加一倍，必不许他官克留，及后进次到队伍仍留人浑赖。此正是贼当穷败之际，各兵照常奋勇前进，务要加力百倍，庶贼可灭。如违令图财，致兵陷没或贼冲突得脱，抢财物之兵不分首从，总哨官俱以军法斩。

凡临阵退缩，许甲长割兵耳，队长割甲长耳，哨官哨长割队长耳，把总割哨官哨长耳。回兵查无耳者斩。若各故纵，明视退缩，不肯割耳者，罪坐不肯割耳之人，退缩之犯不究。

凡伏兵遇贼不起及起早者，领伏哨、队长通斩。各兵扣工食给恤，仍通捆打。如正兵见奇兵伏兵已起，不即回应者同例。

凡每甲一人当先,八人不救,致令阵亡者,八人俱斩。阵亡一人,即斩获真贼一级,八人免罪。亡一得二,八人通赏,哨队照例。

凡当先者,一甲被围,二甲不救;一队被围,本哨各队不救;一哨被围,别哨不救,致令陷失者,俱军法斩其哨、队、甲长。

凡阵亡一人,本甲无贼级者,各扣工食一月,给亡者之家优恤。失队长❸扣一队,失哨长扣一哨,失官扣一枝。但系亡者属下头目仍斩获,功如其所失,通免究,亦不扣工食。亡兵亡官,官为给银优恤。

凡一人对敌先退,斩其甲长。若甲长不退而兵退,阵亡,甲长从厚优恤,馀兵斩首。若甲长退走或各甲俱退走,斩其队长。若队长不退而甲下并❹兵退走,致队长阵亡者,厚恤其队长之家,本队兵各扣工食二个月,给亡队长家领用,队下甲长俱斩。若一哨下各队长兵俱退走者,斩其哨长。如哨长不走,致被阵亡,而队兵弃之退走者,斩其各队长,兵通罚工食二月,恤哨长之家。若一哨官之兵与哨官俱退走,斩其哨官。如哨官不走而哨长以下甲兵退走,斩其各哨长,通罚工食给恤哨官之家。由是而上至把总、领兵将领等官,皆照此一体连坐行之。

凡所谓罚工食者,仍以军法捆打不死而又罚其工食,非止于罚工食而免也。凡所谓恤其家者,不止于罚兵工食以恤之,仍有题奏荫子世袭之恤也。

凡若大阵败走,被贼杀死官兵,伤在背后者,还以败事论,并不优恤。仍罪其各家并原募之人。

凡器械借代,顽钝欠利,私擅更易,军装器械入场忘带一件以上者,军法捆打,照临阵事例,伍、队长,总、哨官连坐。

凡行列不齐,行走错乱,擅离队伍,点鼓不行,闻金不止,按旗不伏,举旗不兴,开旗不接,得令不传,传令不明,道路挤塞,言语喧哗者,俱治军法。

凡临战布阵已定,移足回头,行伍挤挏,稀密不均,俱斩其哨、队长、牌手并所犯。

凡不拘昼夜,但系中军起火,铳炮齐起,即是忽然警急,各官兵不必待候常令,即各自扎营,遇敌即战,不必取禀中军号令。

凡差探贼塘报及官兵有闻贼中消息,不拘要紧不要紧,不许官兵于中途邀截问答。径自闭口,速赴主将陈说之后,许宣于众者,方可与把总等官说。若未见主将之先，敢于中途因人问起即便说出，但有一人先知在主将之前，定以泄漏军机，问者答者皆坐军法。就是本管的把总哨伙伴问，也不许对他说。又或有已经禀知主将之后，蒙分付不许传说者，到底不许再泄，敢有以强固行要问者，许原人禀来，一体重治。

凡遇贼，各队严备听令，候探知贼人多寡以凭发兵，不许违令争先，恐陷不测。

凡临阵抛弃军器者，及不冲锋官兵临战易换军士精利器械马匹者，各以军法从事。

凡临阵诈称疾病畏避艰险者，及故将军器毁拆以图躲避者，斩。

此亦另为一卷，俟给《旗鼓篇》习熟之后，即给此卷习之。所以不同给者，盖初用偏裨，行伍下质，一阅其多，苦难自画矣。故次第给而习之，以❶诱其入。

附：

为禁革斩级以保全胜事：照得冲锋之士，每因取级致妨战杀，以致失事。今该本府会同兵巡道，广集总、哨头目，名勇、员役，当于教场公议。今后临阵大兵，只管整队杀将前去，止以冲锋杀败贼寇为功，务求全胜，不许斩取首级。如有故取首级者，当阵许头目、巡视、旗、哨、队长人等割耳，回兵查无耳者，与各兵仍又持首级报功者，俱一听斩首。

为今之计，别选亲兵，每哨官三甲，每甲五名，两膊上缝有"取功"二字，白布印二片为号，各随派到本哨官兵阵之后，待兵杀倒贼人在地，又战过前去，替兵割取贼级。收兵之后，将前项首级尽数派与本哨官部内冲锋兵勇，均分报功。其割级亲兵，止是给赏，并不干预。若有隐藏不报者，及割取不完，亲兵、官、哨、队、伍长俱斩首。除割首级哨、队长、兵夫专委把总管束外，为此票，仰各该官役遵照施行，毋得自干重典，未便。

计开：

某营某哨哨官某人，下派该斩取首级哨官某人，哨长某人，队长某人，兵夫某人。

校记

❶ "以"字，学津本脱，据西谛本、庚寅本补。

❷"为"字,学津本脱,据西谛本、庚寅本补。

❸"失队长",学津本西谛本、文渊阁本、朱本作"失队者",李承勋本作"失队长",今据上下文义,改"者"为"长"。

❹"并"字,学津本作"之",西谛本、文渊阁本、朱本皆作"并",从改。

卷第四

谕❶兵紧要禁令篇

号令既繁，人无所措，故复分此为别卷，其可以少从缓也。以次旗鼓号令之馀，故以《禁令篇》为第四。

凡军中要紧的第一件，只是不许喧哗说话。凡欲动止进退，自有旗帜金鼓。若无令许说话，但开口者，都要着实重处，夜间尤是。切禁！千万千万。

凡兵逃走，同队之人各捆打。分一半监锢，分一半保拿。如不获，各监一年，通扣工食，另募。

凡征住地方，每队十二人务在一家安歇，时刻不许相离，别生事端，互相觉察。若一家难容，即分对门或间壁，不许搀隔。如不随本队住者，队长与各兵以军法治之。一哨在一街，一营在一隅，各营不许相混，各哨不许相混，各队不许相混，及行营搀越前后，非令先行先歇，途中下路，一体连坐哨队长。若解手，许同队一人立在道旁，候毕催上，不许过二里。

凡立成营盘，即是人家墙垣屋舍一般。若人家，不谨门户及容人墙上扒走的事，有也没有？但向营出入者，不拘何官何人，定要由门，奉号令方准放出照入，决容不得各处搀进搀出。如行路时，决不容别人兵马闲人穿路与同路混行，倘是贼扮❷的，却不被诈劫了营盘？此一节又至紧至紧。临贼而故纵者，军法示众。

凡行营，三千人单行二三十里，有事如何传得到？今定约令：凡兵行不拘从何处起，若有话该报来，务要简明，不过二三句。或往前传，或往后传，自起处俱队长高声接传，挨传到止处明白，仍传称"知道了"，再传回原说之人回复。若传到半中途差错，许又传回，云："才传的不明白"，只传到原传话人再传明白，队长一例接传前去。若传至中途闻而不接传，接传又差错者，挨出军法重治。因而误军机者，军法示众。馀兵并不许开口接助传话，多言者割耳。

凡赏罚，军中要柄。若该赏处，就是平时要害我的冤家，有功也是赏，有患难也是扶持看顾。若犯军令，就是我的亲子侄，也要依法施行，决不干预恩仇。

凡武艺，不是答应官府的公事，是你来当兵防身立功、杀贼救命、本身上贴骨的勾当。你武艺高，决杀了贼，贼如何又会杀你。你武艺不如他，也决杀了你。若不学武艺，是不要性命的呆子！况吃着官银两，又有赏赐，又有刑罚，比那费了家私请着教师学武艺的，便宜多少？想你往日不学武艺，器械不整的精利，不肯着重甲，只是因自来临阵，原无纪律号令，不曾分别当先退后者施行军法，方才安心临阵要走，料定不用枪刀对手之故。今番连坐法已定，号令已明，进前退后都有个法子连坐管定，军法决照条内施行。你们既无躲身之法，不想学武艺，不是与性命有仇的人，不是呆子是何物？身上有甲，就使他戳砍我一下，不能伤我；就手段不济，第二下我也杀到他身上了，敢是无甲的会死。思之思之。

编过火兵，有能奋学武艺精熟者，则升为兵。将兵内懒惰不习武艺，号令生疏者改之。每月一考，平时听各火兵自首，即与验更。

凡你们本为立功名报效而集。兵是杀贼的东西，贼是杀百姓的东西，百姓们岂不是要你们去杀贼❸？设使你们果肯杀贼，守军法，不扰害他，如何不奉承你们？只是你们到个地方，百姓不过怕贼抢掳，你们也曾抢掳，百姓怕贼焚毁，你们也曾拆毁，百姓怕贼杀，你们若争起也曾杀他，他这百姓如何不避，如何不关门锁户？且如去年我往台州，因是众人家兵难制，沿路百姓固也受害，兵们宿无处、炊无处，又被百姓告来，拿着的挨累官、哨、队长，打死了多少！如今年我自己的兵，宿有程头，火兵先定歇处，挨次而入，起行依号，扎营点步鼓挨次而行，经过百姓们闻说到，杀猪牛贩酒米等待。是个店上也要留住一日，他有生意。这方是兵民相体的光景。暑行千里，我不曾打一个兵五棍，可不也省了多少打杀？两家都❹有便宜，却不是好也！

凡古人驭军，曾有兵因天雨取民间一笠以遮铠 即甲也。者，亦斩首示众，况砍伐人树株，作践人田产，烧毁人房屋，奸淫作盗，割取亡兵的死头，杀被掳的男子，污被掳的妇人，甚至妄杀平民，假充贼级，天理不容，王法不宥者！有犯，决以军法从事抵命。

凡军中惟有号令。一向都被混帐惯了，是以赏也不感，罚也不畏。我今在军中再无一句虚言，与你说：凡出口就是军令！就说的差了，宁任差到底，决不改还。你们但遇号令金鼓旗幡，是听是看是怕，不可还指望不便处又告有改移，或望宽饶。"将无还令"，此在口之常谈。你们岂不知宋时北虏❺称岳爷爷军曰："撼山容易，撼他一个军难！"只是个畏将法守号令之验。如此则将也成名，你们也得成功，又保全了性命，多少好处！今后，不知学好的，若再平时用好言好语，个个说是勇猛忠义，你就说得活现，决不信你，只是临阵做出来便见高低。改图！改图！

凡冒名顶替入操者，正替身俱以军法捆打，所雇之人即充兵；收操，工食即将原雇之人分支一半。

凡兵在家，生有父母，教有师长，户有户长，里有里长、老人。你们思量，那个做百姓的少得这内一件？你今既来当兵，甲长就是你的户长，队长就是你的里长，哨长就是你的老人，哨官、把总就是你的父母官。但能教导你们的号令武艺者，都是你的师长。你再思量，世间有无里长、老人管的百姓无有，就知在军中有无队、哨长管的兵无有；世间有无父母生的人无有，就知在军中有无哨官、把总管的兵无有；世间有无师长教训天生会识字念文的人无有，就知在军中有无不听教师、将领训练的兵士无有。这都是就你心上少不得的去处晓谕你。若抗违哨、队长，比做百姓抗违里老的法度不同；不听教师将令习武操练，比做童蒙时不听师训的法度与平日牧民的法度不同；捆打尚是小事，重便割去头，再可复生否？此谆谆真正化诲你，若不听，军法无情，慎之慎之！

凡你们当兵之日，虽刮风下雨袖手高坐，也少不得你一日三分。这银分毫都是官府征派你地方百姓办纳来的。你在家那个不是耕种的百姓，你肯思量在家种田时办纳的苦处艰难，即当思量今日食银容易，又不用你耕种担作，养了一年，不过望你一二阵杀胜，你不肯杀贼保障他，养你何用！就是军法漏网，天也假手于人杀你。

校记

❶"谕"，学津本作"论"，误。今据西谛本、庚寅本、朱本改正。

❷扮，学津本作"假"。西谛本、文渊阁本作"般"，庚寅本作"拌"，二字皆"扮"字之讹，今据文义改为"扮"。

❸学津本此句作"百姓们岂不是要你们的杀贼"，诸本皆同，今据文义改"的"为"去"。

❹"都"字，学津本作"多"，诸本皆作"都"。"都"于义为长，从诸本改。

❺"虏兵"，学津本作"北兵"，西谛本作"北虏"，朱本删去二字。今从西谛本改还。

卷第五

教官兵法令禁约篇

此篇之中，亦有兵士当知者。但士卒者，愚人也，繁以号令而无所遵，不如无令而气壮，故明以教官兵之辨为第五。

凡将领、官、哨、队长，不相和协，倾陷妒忌，煽惑妖言，妄传军令因而误事者，斩。

凡各营分派已定，先照各腰牌格式共为一函，造书册二部，俱送本府印钤，一本发把总，一收本府。

凡有逃故缺伍该召补兵勇，每月半，队长如式开新补手本呈哨官，哨官呈总，总呈府，验中改簿，给腰牌发总，总改发队常操。

凡遇有逃故，本伍即刻报队长，队长报哨长，哨长报哨官，哨官报把总，即于本日开手本呈递。

凡各兵遇有疾病，本日同伙即报本队长，队长亲看缓急报赴哨官，哨官报赴本总，本总即日报本府，以凭批医疗视。遇在客戍，本府亲诣抚视。

常日每一名，各将米二升炒黄包裹，一升研为细末，一升另包。麦面二升，一升用香油作煤，一升蒸熟，六合用好烧酒浸，晒干，再浸，以不入为度，研为面，另包；四合用盐醋晒浸，亦以不入为度，晒研为末，另包。行军之际，非被贼围困至紧不许用，出兵随行忘带者，如失军器同。

凡各兵进教场，过放静炮后到者，俱开不到究治。各门封锁后，闲人出入及纵迟兵闯营，皆巡视旗之罪。

凡每日进操，候下营毕，各官下地方即将所部兵士省令各队填到单。已到止开总数，未到及有差，俱开花名，把总官类粘，候下营毕，赴台呈递。如主将不进教场，操毕，各官赍赴，回操，即日呈递。

凡器械不鲜明，专罪哨长；号令不明，专罪把总；武艺不精习，专罪哨官；逃去❶奸盗等事不诘首，专罪队长与同队甲兵。

凡责成之例，不拘平时、临阵，凡违误迟玩，畏避退缩，器钝事犯等项，每甲三人以上，连坐甲长；每队一甲以上，连坐队长；每哨一队以上，连坐哨长；五分以上，连坐领兵官、哨官。

凡遇传示号令，巡视旗只传各领兵官，领兵官传与哨长，哨长传队长，队长传甲长，甲长传各兵。若有得令不传，传到不遵者，常操迟误打四十棍，临征❷军法施行。

我一人，你们三四千，一句说话如何传得遍知？我有事要分付，只是传与把总、哨官，把总、哨官须要一一传说与哨、队长，哨、队长须要一一传说与兵勇。若是分付去，一时记不全了，还许来问我，我再说去分付他。若传说不明或忘了不来再问，听我倏于队内抽取数兵来问，若问称不知，挨查队长，队长不知，挨查哨长，以次挨到把总，各传不明，军法重治。

凡平时无警，在久住地方，哨官以上许冠带，哨长、义士许青衣，队长许青布衫系绦。其礼仪，把总之待哨官，哨官之待哨、队长，哨、队长之待兵，许以乡情从便相待，但坐须要侧侍，不许齐肩平列。虽下至队长与兵亦然。

凡进操及征调在外，与凡掌号笛发放，把总官即戎装锦绣，哨、队长各小袖依方色戎衣执旗，俱以军容承接。发放之际，哨官凡有禀白，跪听把总授成，哨长跪听哨官授成，队长跪听哨长传令发放，小兵跪听队长传令发放。哨长以下，见把总叩头俯伏，队长以下见哨官亦如之。

凡公所，哨官见把总一跪一揖，哨长见把总两跪一揖，队长不许作揖。哨长见哨官一跪一揖，队长亦不许作揖。队长见哨长作揖侍立。俗谚有曰："军中立草为标。"况朝廷堂堂名分。凡有属下者，既知恶属下抗违不能行事，即知己身不可又效属下之人复抗在上头目，决恃不得乡曲故交。军机乃国家重务，情难掩法，敢有亲识相容，故违明抗，容者犯者，通以军法重治。

校记

❶"逃去"，学津本作"逃走"，西谛本、文渊阁本、庚寅本、朱本均作"逃去"，据改。

❷"征"，学津本作"阵"，西谛本、文渊阁本作"征"，据西谛本、文渊阁本改。

卷第六

比较武艺赏罚篇

号令既明,刑赏以悉,坐作进退,当与攻杀击刺同教矣。而比较不可无法。不知较艺之习而任比较之责,则花法入而正法昧矣。故以《比较篇》为第六。

凡比较武艺,务要俱照示学习实敌本事,真可对搏打者,不许仍学习花枪等法,徒支虚架,以图人前美观。各总哨队伍官长,俱以分数施行赏罚,一分以上责成各伍长,二分以上责成各教师、队长,三分以上责成哨官,四分以上责成把总。

凡长枪,锋要轻利,重不过四两❶,杆要稍轻❷,腰硬根粗。

凡狼筅,各要利刃在顶,长一尺,四面竹枝,须坚直粗大者。

凡钯叉棍,俱要长一丈二尺,盖短兵须长用,庶可入长枪。每人各带利短刀一把。

凡弓箭手,弓要副各力,箭要铁镞,务三十枝。仍各带长大腰刀一把,解首一把。

凡弩弓,要力大新坚,每弩毒药一瓶,铁箭一百枝,每人腰刀一把,解首一把。

凡立牌,要高阔,遮得后面持枪之人,每人利长腰刀一把。

凡藤牌,要坚、大、轻,遮一身❸,每人长刀一把,标枪三枝❹。藤牌无标枪,如无牌同。盖长短势绝,急不能入,须用标枪诱之,使彼一顾,则藤牌乘隙径入矣。

以上各条违犯,照前分数军令连坐。

凡火器,装药竹筒、火绳、药线、匙锤、油单、火药,一有不全,入场忘记悬带随身,及药不干燥,各不如法,队长同罚,本犯加治。

凡兵随带百样军火器械,随坏随治。如力不能私制者,即明禀各总处呈置给用,把总官每平时调查。

凡人之血气,用则坚,怠惰则脆。劳其筋骨,饿其体肤,君相亦然,况于兵乎？但不宜过于太苦，是谓练兵之力。

凡兵平时所用器械，轻重分两当重于交锋所用之器。重者既熟，则临阵用轻者，自然手捷，不为器所欺矣，是谓练手之力。

凡平时，各兵须学趋跑，一气跑得一里不气喘才好。如古人足囊以沙，渐渐加之，临敌去沙，自然轻便，是练足之力。

凡平时习战，人必重甲，荷以重物。勉强加之，庶临战身轻，进退自速，是谓练身之力。

凡呐喊所以壮军威，有不齐者，巡视旗拿来治以军法。

凡什物器械，刻名队装油在上，以便查考及疏失。

比弩，以六十步为式，把高五尺，阔一尺五寸，三箭中二枝为善射。

比枪，先单枪试其手法、步法、身法、进退之法，复二枪对试真正交锋。复以二十步内立木把一面，高五尺，阔八寸，上分目、喉、心、腰、足五孔，各安一寸木球在内。每一人执枪❺，二十步外，听擂鼓，擎枪作势，飞身向前，戳去孔内圆木，悬于枪尖上，如此遍五孔止。

试射，官尺八十步为式，把高六尺，阔二尺，每三矢中二矢为熟。

试狼筅，先令自使，看其身、手、步法，次用枪对较，凡长枪哄诱不动，又能遮隔不入为熟。

试叉钯，先令自使，看其身、手、步法合一，复单人以长枪短刀对较，能架隔长枪刀棍，翼狼筅出入杀人为熟。

试刀，以能冲入叉钯、狼筅，不及遮隔为熟。刀法甚多，传其妙者绝寡，尚俟豪杰续之。

试挨牌，每一人执牌，面左，一人执狼筅面右，俱牌后遮严❻，分面立定。枪等杂艺，俱照鸳鸯阵立定。前设长枪一人为敌，俱锣响坐定，听吹哱啰起身，点鼓，两处俱进。擂鼓，吹天鹅声喇叭，呐喊一声，敌兵执长枪，以枪高处戳入，牌身高起，阁枪头上过，阵内长枪伸出杀敌，急复原伍。次，敌兵长枪戳脚下，牌兵用牌坐落，阵内长枪出杀敌，急复原伍。次，敌兵长枪由左戳进，期伤牌兵之臀，左面狼筅拿枪，长枪出杀，左面短兵即随枪以出，防长枪进老，故短以救之，急收原伍。次，敌枪戳右，欲伤右边后二个枪手，牌兵即以右手所持腰刀砍其枪，右面长枪出杀，短兵随出同左边之例云。如贼亦有数人前来，则长牌当中，只顾低头执牌前进；左筅防左，右筅防右，左枪随左筅出杀，右枪随右筅出杀；左短兵防左枪进的老了救援，右短兵防右枪进的老了救援。藤牌乘二筅之势，于筅中滚出以杀为务，鸣金急复原伍。进止阖辟，左右前后，恁是如何厮杀，定不可乱了原伍。

试藤牌，先令自舞，试其遮蔽活动之法。务要藏身不见，及虽藏蔽❼而目犹向外视敌，又能管脚下为妙。次以长枪对较。令牌持标一枝，近敌打去，乘彼顾摇，便抽刀杀进，使人不及反手为精。

试标枪，立银钱三个，小三十步内命中，或上或中或下，不差为熟。

试火器，以八十步，立五尺高、二尺阔木牌，三发二中，十发七中为精。

试火箭，以八十步，亦用铳把，平去中式为精。歪斜不中，果系作不如法，免究其兵。制作既精，放不如法，究兵。

千里雷点放，缓急不误为熟。临时奇遣，不载数内。失忘随炮应用之物，及损坏信药等项，俱重治。

旗法，随鼓紧慢行。如磨旗之时，两手托开阴阳，拿住高举，伏身转腰，绕头过一遭，方才竖起。

试打鼓之势，用以木槌二根，起迟下速，两手高举过额而着鼓沉重为可。

在场比较法：

凡操毕，各兵坐息稍久，主将亦暂退休养精神。即升堂，吹哱啰，各起身从便习学。听中军官竖起蓝旗一面，当中点之，各营狼筅手俱听鼓由发放路集中军两边，金鸣鼓止，用后式装成文册点名，比较如前条法。比较赏罚毕，仆蓝旗，各照原路回伍，听鸣锣坐息。盖狼筅之功，在竹，属木，故举蓝旗以应之。次举黄圆旗，长牌藤牌手一照狼筅手，点鼓通集台下，比较如前条约。赏罚毕，仆旗，各回原伍。盖牌主御，故举黄旗以应之，而圆则象形也。次举白旗，各营长枪手一照狼筅手号令赴台下，照前条约比较。赏罚毕，仆旗，各回原伍。盖长枪之利在刃，刃属金，故举白旗以应之。次举黑旗，各营各色叉钯短兵，一照狼筅手号令集台下，各照前条约比较。赏罚毕，仆旗，各回原伍。盖短兵势节险短，如水之激，故举黑旗以应之。次举红旗立把子，各营鸟铳、火箭、弩手俱赴台下，比较毕，仆旗，各还原伍。盖神器属火，而弓矢皆前行之器，故举红旗以应之。

左篇乃比较册由头。

比较武艺，初试，定为上等三则，中等三则，下等三则。再比，仍如原等者不赏，进一则者赏银一分，进二则者赏银二分，超进一等，赏银伍分。一次原等免责，二次原等打五棍，三次原等打十棍。五次以上原等不进者，打四十棍，革退。如有不愿打者，每一次追一分，二次追二分，三次追三分，即付武艺考进之人充赏。

赏罚鸟铳，三弹中一者平，中二者赏银一分，中三者，超赏五分。一次不中者打三棍，二次不中者打六棍，三次不中者打九棍，五次不中者打四十棍，革退。不愿打者，每次罚银五厘，二次一分，三次一分半。弓弩同例。

校记

❶"重不过四两"，学津本、西谛本、文渊阁本及清刊各本均作"重不过两"。明程宗猷《耕馀剩技·长枪法选》称："古云'枪头不过两'，以轻便为妙也。"所谓"古云"者，当指《纪效新书》而言。今按：枪头之重不超过一两，固然可视为极言其轻便，但不免有悖于事理。其"两"字上当有脱字，所脱者似为"四"字。根据有三：其一，点校者所藏清道光十年刻本（即庚寅本），"两"字上有马凤图先生墨笔校补的"四"字。其二，程宗猷《耕馀剩技·少林棍法阐宗》有"枪式"三图，其第一图注云：

"枪头长共六寸，重三两五钱，四两止矣。"第三图注云："枪头长七寸，重四两。"其三，李承勋刊本《纪效新书》卷之四《长枪制》注云："枪头，此不可过四两。"今据此三点，补"四"字。

❷"杆要稍轻"，学津本、西谛本同，唯文渊阁本、清刊本多作"梢轻"，武术界多有以"梢轻腰硬根粗"为枪制标准者。按，"稍轻"是。"梢轻"之说虽亦可通，但此处讲整个枪身之分量，非专言枪梢分量。

❸"遮一身"，学津本作"要遮一身"，今据西谛本、庚寅本、朱本删去"要"字。

❹"标枪三枝"，"标枪"，除学津本、朱本外，他本并作"弃枪"，"弃枪"即"标枪"，今从学津本、朱本。"三枝"，学津本、朱本作"二枝"，西谛本、文渊阁本、庚寅本均作"三枝"，据西谛本等改。

❺"每一人执枪"，学津本无"一"字，庚寅本、朱本有"一"字。有"一"字，于文义为长，从补。

❻"严"，学津本作"蔽"，西谛本、文渊阁本作"严"，据西谛本、文渊阁本改。

❼"藏蔽"，学津本及他本均作"藏闭"。按，藤牌之试，主要在"试其遮蔽活动之法"，根据文义，用"藏蔽"较"藏闭"更明畅，故改之。

卷第七

行营野营军令禁约篇

凡操中法令、旗鼓既习，将来必试敌，而调发所不免也。故即以《行营篇》为第七。

凡爪探夜不收。爪探不的，听人言语，不亲到贼所，糊涂欺诈，因而误失事机者，军法从事。若传报违期，集兵迁延，以致误事，罪同。

凡军行在途，遇有疾病，把总官验实，随即禀明，给文送所在官司拨医调治，痊可即便追来。敢有诈病推避者，治以军法。

凡傍哨后哨，见有乏弱人马不能前进，或在路旁潜藏者，随即收送中军，不许私自纵放。

凡军行，定委巡哨官生二员，止宿，委巡视官生二员，差巡视旗十面，但有干犯军令，即便指实呈报，不许隐匿。及因而需索诈骗者，各依法究治。

凡前哨官，前途给与"清道"蓝旗十面，令旗一面。凡遇大小事务，俱要差人传报中军。清道旗手仍先期禁断人畜，不许搀入队伍，冲冒旗纛。如遇应该迎候禀事人员，及各处差来赍送紧急公文之人，前总领哨官审实，差人报知，方许进见。倘有异言异服可疑之人，送中军研审发落，不许擅放擅问。

凡止宿住食去处，除下野营照临敌号令外，若入人家或进城郭，则前哨至城门前面，各把总、哨官、头目，即于通衢或在于人家之外，相地放起火，或若干枝，即为几路挨扎在彼。候中军到队之中，放静炮三个。每队差火头先进城，入人家讨取歇家令旗押随，完毕，回报中军，方传令照教场散队安歇。巡视旗分哨巡逻生事之人。遇再起行，仍照前初出规矩。

凡军行在路，遗落器械什物，见者许即收带。至止宿处，送中军招人认领，失物得物之人照格赏罚。隐匿不报者治罪，亦不许私相交割。

凡分兵数道，临发时务要会定记号。如贼界相逢，不分昼夜，各即驻队，互举原定记号，以辨真伪。

凡军临贼境，或林木异常，与贼共守之处，各兵严勒器械，须立定以待，候差各塘报搜覆无警，再听令行。

凡临贼，遇沮泽坑坎，不可擅即暗过。须据平原，备将地形禀覆中军，号令再行。

凡官军启行，各须披甲戴盔执器械，庶几临敌轻便，不许并执肩缚。若路远天热，得令方许更便❶。

凡火器应用绳药、铅子，铳手须于出征头一日请给完足。不许临贼假称放尽讨索，通以畏避论罪。

扎野营说

野外屯扎，对垒列营，画地以守于前，樵苏以继于后。夜防警袭，昼结行阵，其役也劳，其事也险。使吾气常锐，战守兼举，吁！岂易易哉。

凡每日五更尽，擂鼓已毕，各起梳洗。听掌号二遍，各兵通赴木城边，各擎枪立定，作守城之势。各营把门人役，赴中军报守门无事讫，听鸣鼓升旗，各营开门放汲。其汲者，限四刻，掌头号落旗回营。进城蔬菜等项者，限一个时辰到营外取齐，听掌二号进营。迟进及后出者，俱打二十棍。每队三名以上，队长同责。四队俱有，合九名以上者，哨长官同责。申时放汲一次，号令执枪之法，俱同早辰，买蔬菜止许早晨❷一次。

凡樵采，每三日一次，于辰饭后正巳时，听中军掌号一荡，掣起"樵"字旗俱出。每官下用队长一名领去，限两时辰俱到营外候齐。禀赴中军，掌号二荡，各兵仍赴木城边擎枪如前，方开东西二门放进，馀门不许。

凡登厕员役，照各厕坑由各营门将腰牌悬于门上，方准开门而出赴坑所。事毕即还，自认取腰牌回营。如夜间，不许出营，即于各自厂边方便，天明即打扫送出坑内。违者照前汲水例行法。

凡中军遇晚鼓擂三次毕，各营通即断火禁喧，断人行，违者队长与兵同治。队长有犯，官哨一体各打三十棍。

凡差伏路人役，每一昼夜换班一次。俱以辰饭毕遣出，到彼，该回之人即还，赴中军销报。

凡夜间遇有报事人役，先令门外约近二十步之间，即喝令立定。守门人辨其声音，如系别衙门差来，问其别衙门来历；如有书帖文移者，令将书帖文移掷在地下，着营外传语人取递，由木城缝接送。中军有令箭放进者，方许开门放进，无令箭者不准。如有迁延不去及不遵禁止，径闯木城下者，许即打射，杀死者勿论。

凡本营人夜来报事，谕令先报自己名队，然后说事，一例只于营外听令。

凡遇贼临近，不拘营内营外，违令者，俱军法从重，决不轻贷而生。

凡官兵无故非时违令出营者，捆打一百棍，游营示众。二十名以上，官同法。十名以上，哨长同法，三名以上，止于队长、伍长。

凡伏路之兵，即以各枝分扎地方所向之方为信地。每日辰时后，赴中军领令箭赴彼交替，日则辨验往来真伪，盘诘奸细，照前更换。遇有各衙门营寨公差人役欲赴本营者，夜则于内令一人陪送到营二十步外止住，先许陪来兵高说差人来历，守门人即与禀赴中军，听令进退。

凡夜传暗更筹箭，每队拨兵二名守木城，即传箭，迷失更箭者，上下挨查，得出，军法示众。

凡遇有警，肃静各守信地，木城闭，听令发兵。如有喧言乱走者，军法重治。

凡更筹，遇日晦夜暗，行军宿野，必须定更则时，以知早晚缓急之备。先以一日有百刻，分一十二时，每一时有八刻二十分，每一刻六十分，共五百分为一时。依二十四气节为十二筹，以日出入为则，每筹长二尺四寸，上书各得本节日出入时刻，分昼夜长短之数。或不用筹，计珠二串，一串用小珠七百四十个为数，紧慢行数七百四十馀步。尽数珠七百四十馀个，程限该二里二十七步馀为一刻；行数七千四百七十馀个，程限二十里二百七十馀步为十刻。昼夜该七万四千七百馀步，程限二百零八里有馀，是为百刻。每一时八刻二十分，该行六千二百二十五步，数珠即六千二百二十五个为一时，十二时约程限与百刻同。凡定更筹，昼夜各长短不同，依十二时候节气，各以长短刻数随时分派，朝以日出，夜以日入为始，时定而更漏均，大同小异，可为警备矣。且如安营，一面一百八十八步，四面共七百五十二步行遍，若传筹五十次，共馀五百馀步，日将出矣。如冬至，夜极长，夏至，夜极短，二十四气皆有异同，馀各仿此。

凡下野营，在贼不知之处，日落断火，不许燎烧柴草，恐贼远望，夜来攻我营寨。夜间不许支更鼓，只令传箭，约量回数，定立更次。守门人须要辨认奸细，非奉将令，不许擅开营门。如与贼对垒，须去营二十步，每队燃火一堆，彻夜，见贼即与抵敌。勿近自营，使我不能见贼，贼自暗中望明来攻我。

凡夜营，俱照定过灯炉为号，各看灯笼遵依，各哨视中军之灯，各队视本哨之灯，各兵视本队之灯，如视昼旗一般。违错俱比白昼军法加一等。遇大风雨则视火把，遇出奇或暗地移营别处，灯笼留在虚营，各听随时编发字号，如中军说"甲字"，则是左哨，凡言"甲字一"，即是左哨第一队，馀仿此。不预定者，恐奸细知之也。如再近贼，则又不用字号，以禽兽之声为号。随时给与哨官，哨官依次相谕，通知学鸡鸣为某哨，学牛鸣为某哨之类，皆不预设。

陆❸兵舟行号令，示各总知悉，违者连坐。

一、起行处所，中军放炮一个，鸣鼓升行旗。大吹打毕，掌号笛，各官哨长赴中军，听发放本日所行所止之意毕，散回。听放炮，吹天鹅声，呐喊三声，点鼓，竖何旗色，照旗色相同应行之营，一体点鼓开船。

一、起行次序，以日干所临甲乙丙丁戊己庚辛壬癸五行为前锋先行，馀照营次。若行间遇中军放大炮一个，昼磨旗，夜车双灯，即便驻船，各营照方向泊齐❹，围住中军听令。

一、到止宿去处，前行之营放炮三个，鸣金落旗。每❺营约去一箭之远，每一营为一鯨，一体落旗。听中军到，落旗后仍复升旗，俟掌号笛发放。若不升旗，各官自❻有紧事者，赴禀事。无事者，谨守信地，训齐兵伍。若有更令，必差巡视旗口传或有令票，不在此内。

一、凡水陆行营，第一肃静为要。不拘何事，俱听旗鼓号令，不许口传，口传之言，虽本府面说，亦不许从。除明白进止用旗鼓号头照原给令书外，若或近贼，或欲暗行暗止，听中军如后开传令，一人挨递一人，不分官目，虽本府亦自递之。

一、物件挨次递过，即便遵守，陆路同。

要住，传土块。

要行，传小短箭。

要立，传草木枝。

要坐，传石块。

要有警，收拾器械预防贼来冲杀，传大令箭。即便于脚下随便每哨官为一营，抢择地势，照给过原操令书内营阵立定，听候中军传令。每总为一处，不许相连。

一、止宿处所，每营四哨官内轮拨兵一小哨，赴把总处巡夜。每营轮一哨官巡夜。其本夜内警恐、火烛、奸细之变，俱罪坐本官。其把总不时亲自密查。

一、止宿处所，船只各随到齐，各分营定讫。到日晚，听中军放炮三个，打关门鼓毕，俟擂鼓，各营照中军一体，聚巡夜人在把总船边，跪下发放。陆行同。发放云："官兵听着，齐应。夜巡谨慎，齐应。毋得懈惰，齐应。误了事军法不饶，齐应。起去！齐应。"

一、听定更喇叭一声，凡把总处支更，其每船一只内，不分大小，轮议五人。每更一名，在船头执竹梆支更。每打鼓一声，打梆一遍，天明各赴本营回话。

一、以上乃明营也。若暗住处所，听临时传知，即便起暗号，支暗更，暗传约束，非用令票，即用巡视旗❼。但初起或初住时，中军不车旗及落旗，不擂鼓，不放炮吹打，即是要行暗令。

一、中军官每日轮拨一哨，赴本府执打器械，紧随轿马进止，摆围于后。夜则即以此哨巡夜。每轮中军官一员提更。

　　　　兵兵兵
兵兵兵　大刀　藤牌　枪　藤牌　大叉　藤牌　兵兵兵
　　　　　○
兵兵兵　大刀　藤牌　枪　藤牌　大叉　藤牌　兵兵兵
　　　　兵兵兵

一、水陆住止处所，遇本府马到，先于一里内差塘报二名，进歇处搜过，出衙门百步回报，无事则不言，若衙门不便难宿，或有奸细，即便口禀。

一、本府进时，亲兵在前者，摆进衙门内；在后者，即便于衙门外大街通人行处街口，去衙门二十步内，各执器械把定，清禁人言，仍轮一官坐巡逻。俟本府闭门，方许聚赴衙门首，听火兵送饭食用。

一、凡大开门时，未行开门❽，听中军官即将轮日亲兵在外照前项摆定，一半带进丹墀摆列，仍❾用四人在堂上带短刀立定，口报讫，方听开门。若在人家，一体相同，比在衙门更加谨慎。在野宿亦与在城相同，比在城更加谨慎。

一、第一肃静为主，凡有平时喧嚷者，捆打四十，连坐。遇传号令下营阵，止起之际，耳只听金鼓号头，眼只看旗帜，决不许口发一言。但有喧嚷出声者，拿治如前。临阵割耳，回兵查，若因而误事者，斩首示众。

校记

❶"更便"，学津本作"更传"，据西谛本改。
❷"早晨"，学津本作"早辰"，据西谛本改。
❸"陆"字，学津本前有"凡"字，西谛本、朱本俱无。"凡"字当为衍文，删去。
❹"各营照方向泊齐"，学津本作"营各照方向泊齐"，诸参校本除李承勋本外同学津本。李承勋本卷八为"照营泊齐"。细审文义，学津本等作"营各"二字当为倒置，今改为"各营"。
❺"每"字，学津本作"离"字，据西谛本改。
❻"自"，学津本作"目"。
❼"巡视旗"，学津本作"巡视起"，据庚寅本改。
❽"未行开门"，学津本作"凡小开门"，误，据朱本改。
❾"仍"，学津本作"乃"，据西谛本改。

卷第八

操练营阵旗鼓篇

号令既习，刑赏俱知，于是列于场肆而教以坐作进退之法，为营阵之制以施于用，故以《操练篇》为第八。

一、发放。候升帐喊堂毕，牙旗开，中军官禀"升旗"。禀讫❶，即放炮一个，擂鼓升旗。待众声迹将定，又禀"放静炮"。禀讫，放炮三个，三军肃静，敢有喧哗者，军法施行。又禀称"吹号笛，聚官旗听发放"。俟官旗到，齐立定，金止。中军官叫"官旗上来"，两边齐应一声，自卑而尊，由队长从下摆起，务要行次疏直齐均。各官旗依次跪下，中军官执发放牌，高声发放云："官旗听着，耳听金鼓，目视旌旗，步娴❷进退，手习击刺，万人一心，惟将令是听，违犯的军法不饶！"每一句，众应一声。分付毕，若有别项讲谕，各静听主将逐一亲说记定。依次分付，自尊而卑。起立，分列如前。中军官传令："官旗下地方。"众应一声，听大吹打，官旗由原路散回信地。听各把总吹号笛，哨官、哨、队长俱听把总处照台上发放，但先一句云："奉台上号令"。如有分付，一体字字谕之。仍照台上规矩，大吹打，散回信地。又哨、队长各到本管哨官处再行宣说，但第一句云："奉本总号令"。毕，归队。队长率兵通听哨长发放，但第一句云："奉本哨号令"。毕，又兵听队长传说。约一刻，掌下营号头，即各肃静听下营。

教场大列三军听吹掌号笛发放之图

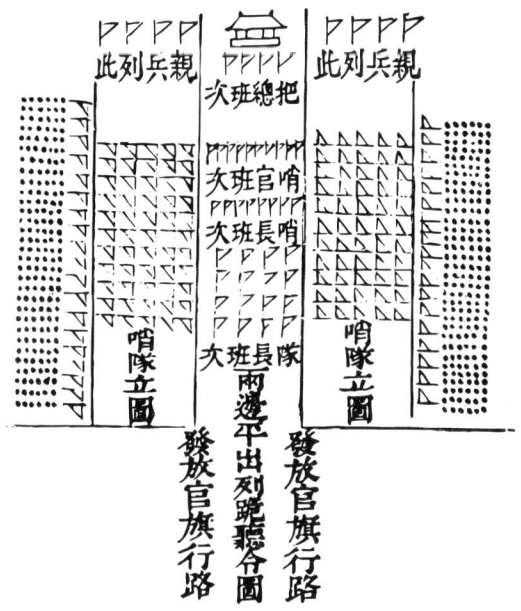

一、中军请钧旨下营，禀讫，中军即拨下地方巡视人役，每哨二名，共十名。旗上明书"某哨巡视"字样。俱赴台下，禀请："下地方蓝旗听发放。"掌号官发放："凡呐喊不齐，行阵错乱，喧哗违令，临阵退缩，拿送处治！"分付讫，督战旗牌每总一面，五面付官，悬牌执旗，禀称："执旗牌下地方督阵。"旗牌上马，各巡视旗从之，由发放路各归营哨。中军吹哱啰，各起身，一荡喇叭必警，二荡必齐。再吹哱啰，中军摆金鼓旗帜，掌旗者即将原列两行旗取五方，一副上将台，二副摆定，两边官兵听点鼓于台前。如路广，则每哨四队平行，如路狭，则每哨挨队，依鸳鸯阵行，照图行至极前，俱层层立定，金响鼓止。

以下至"收为大营"句止，共八条，共八图。此每每临阵对敌所用者，乃实效，非饰观视之筌蹄也。数年屡战，一切号令行伍俱如图款，毫不更易，是以每战必全捷而我兵不损。及至困攻，贼虽竭力以刀石掷我❸，而我兵不为所伤者，此鸳鸯阵牌、筅、枪、棍居次之功也。须临阵观之，便得妙处肯綮。借或场操之际，肯有亲入行伍内一试之者，亦自知其利不可以口舌楮笔载也。今将《初出图令》开后次第之。

一路狭一字行到极处遇警放炮一个立定

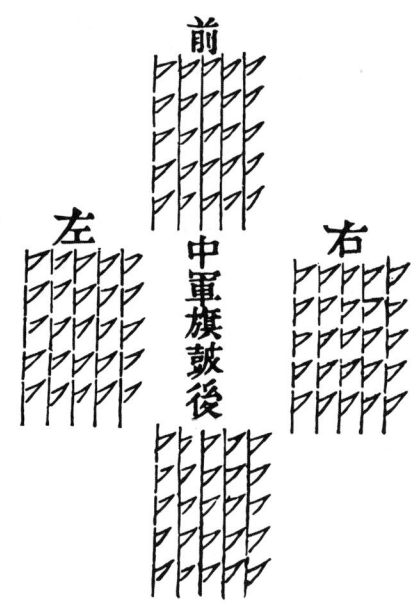

俟定，又点鼓点旗，前营正兵即由正路以当贼之头，左营即由左取路以出贼之右，右营即由右取路以当贼之左，俱依大鸳鸯阵势，单队双行。如有五营，则以后哨急出伏于左右，因地势山林而从便相机。如欲俟贼来迎我，我则伏兵出于前三枝大兵之前里许之地。如我欲径杀入贼中不待贼动，则伏兵即于我所进左右二枝大兵之后，与交锋之地相去不过半里伏之，此时料贼已相见，不必密行也。候前正兵将近贼一里之地，急吹单摆开喇叭，将鼓急点，前营正兵即大鸳鸯阵平平一字列开，以前哨为第一层，后哨为第二层，左哨为左翼，右哨为右翼。左营奇兵以前哨出左路抄贼，为正兵，后哨为二层接应，左哨为左翼，右哨为右翼。其右营奇兵亦照前营兵分于右，通每一层为平一字摆开。如路狭，则摆大鸳鸯阵，如路宽，则自大鸳鸯阵又分摆为三才阵，俱在临时所变。此皆以场操兼对敌之实事言也。若专在场操，其伏兵一半出大兵之前，一半在大兵之后，庶二者俱习矣。但如伏兵在兵之前，必须贼未见时先事遣发，亦必贼势迎头而来者乃可也。然此伏收功最易，但伏之甚难，非上等好汉齐心齐力不可也。须贼过我伏来，方听我号令而出，不大成则大败。惟有随兵同出，遇藏身之处，从便伏于兵后一着，此最稳当，虽不大得，亦不大失。但此伏所以防前兵少却为第一功，除此无所用其力。如此攻伏，恁是如何，贼不可测。何则？

有前行大兵遮护之耳。其中军兵一面在大兵后二三里之内据险扎老营。如此摆阵，须速。其定伏兵俱伏已毕，候近贼百步之内，中军放铳一个，吹长声喇叭，鸟铳手在前打铳，每长声喇叭一声，打放一层，只至擂鼓而止。如喇叭急吹长声，连连不止，是要鸟铳手一齐放了也，不必抽放。又近贼五十步外，放起火一枝，各射手兵放箭放弩放火箭毕，吹天鹅声喇叭，擂鼓，各兵奋勇径奔贼锋，再不许时刻迟疑。恁是如何厮杀，不许乱了鸳鸯阵，随离随合，务要牢记。其平日所习阵法，牌、筅、枪、刀之法，用时都如平日争忿厮打一般，不慌不忙，杀进一层，又杀一层。杀死倭贼，恁从后兵斩级，当前者只管杀去，恁贼掷来金银，只是厮杀，再不须顾。第一层战酣，擂鼓少缓。又擂鼓，第二层急急冲过前层接战，前层少整队伍。鼓又少缓。又擂鼓，第一层又冲过第二层之前接战，原二层少整队伍。两翼奇兵，一体间层依令进战、整队，与正兵同。待左右俱合之际，扮贼奔走屯巢之象，鼓又少缓。再吹摆队伍喇叭，各兵即将贼所奔入之巢或上山林之内，即时四面各整鸳鸯大队围住，每遇门路处，以厚兵一哨官者当之，紧于门路要口鸳鸯阵列定，以备并力冲出杀入。不许轻动擅进，恐中贼伏，及或一人有失，误事不小。贼之锐锋死斗，皆在此处，但以守定为功。其非门路之处，各营哨分内信地之兵，听即设计出奇，从便攀登以入敌战，但责其取胜而已。大捷既毕，据报无警，各兵照旧困攻，听中军差亲兵入围内，搜报平安，听摔钹响，各于脚下收成大队。再听摔钹响，各哨为一聚，各营为一大聚，俱随五方各该大旗下立定，俱仍照原出战大阵之规，分前后层、左右翼。听鸣金一声，各前一层退出，间队退在后层之后。连鸣金二声，齐喝一声立定。又听鸣金一声，又后一层未❹退之兵，间队退过已退兵之后。又鸣金二声，齐喝一声立定。如此间队依金退至中军大营，放炮三个，呐喊三声，鸣金大吹打得胜鼓，各兵挨次看旗头收回，作大四叠。此五营出阵之说也。

若只四营，则以一营为正，二营为左右，以第四营一半设伏，一半扎老营。若只三营，则以一营为正兵，一营分为左右，一营之半为伏兵，一半为老营。若兵只二营，则以一营中一半为正兵，一半分为左右，一营一半为伏兵，一半为老营。若只一营，则以各哨分之。虽是一个人，亦可如图操习及如图临阵也。刻舟求剑者，岂足以语此！

一营分哨立定交锋图

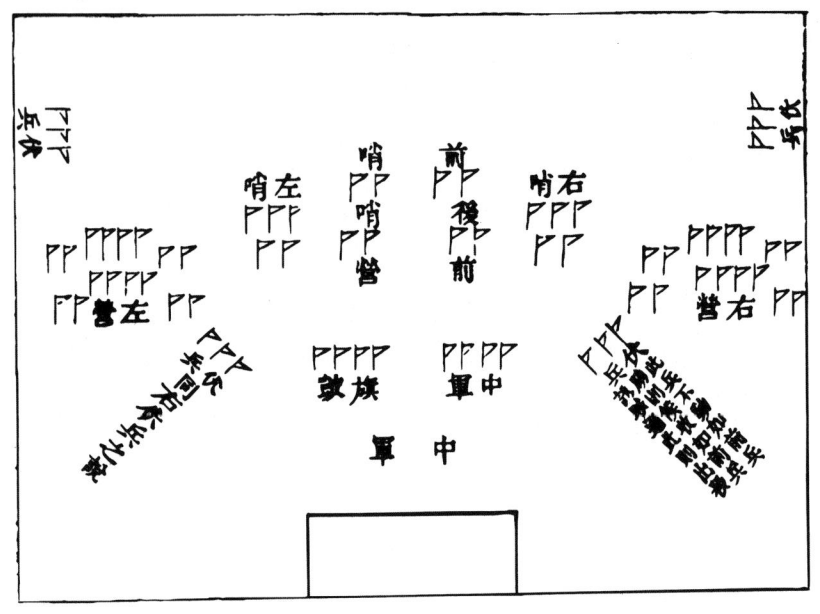

定立交锋图 右如全营图之，方幅有限，姑图一营，以例其全。

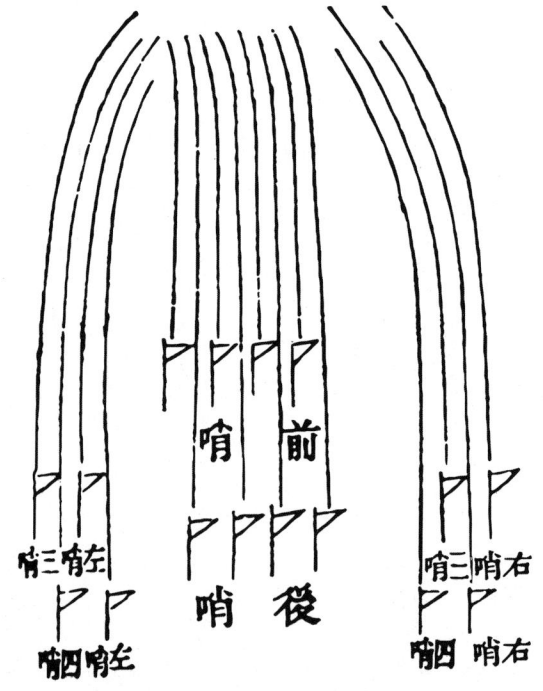

伏兵出战回兵策应之图

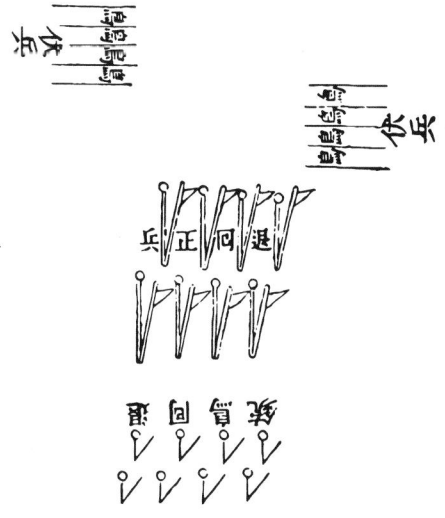

攻围之图右不能尽图，亦如前耳。

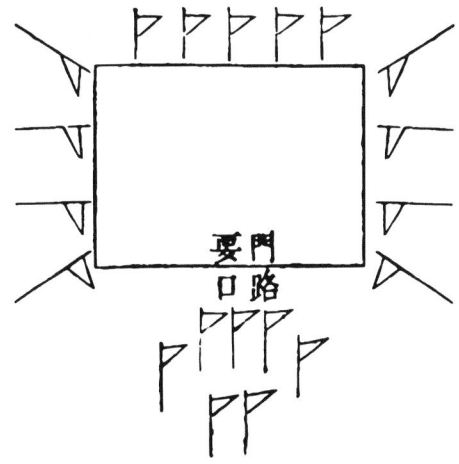

退出围地，金止❻五方旗，听打金边，发出为四叠，立表，听大吹打，五方旗齐点，各兵照旗色分行各旗下，为大四叠。

围攻之法，不可执一也。如贼势大败，贼少我众，所围之处，或山林人家，又复狭窄，方可四面合围，必使一倪不返。如贼气方盛，我少贼众，或所围之处散阔而我兵分守不足，必缺生路一面，分兵于去围十里之外必遁之路伏之。

退兵之图

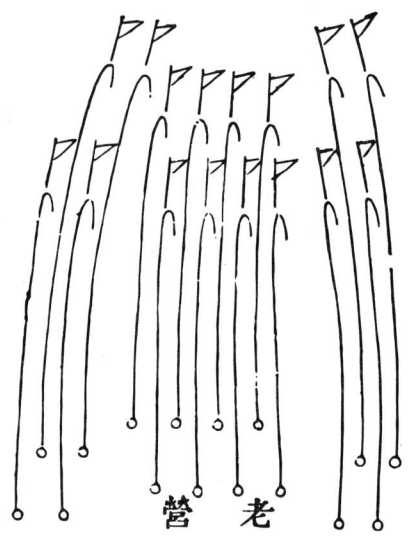

收四叠图

一、收毕,吹打止,鸣锣坐地休息。金鸣锣止,打金边发塘报。候塘报摇黄旗,知有贼,各兵听吹哱啰起身。先点后营旗,不点鼓,后营兵分为二枝,照前次摆开图设伏毕。次点鼓,点旗,发前营兵为正兵,左营为左翼,右营为右翼,中军在后据险扎老营,通照前次摆开之图立定。听吹摆队伍喇叭,摆为大鸳鸯阵。金鸣喇叭止。又听吹单摆开喇叭,摆成三才阵。金鸣喇叭止,鸟铳手照前阵号令放炮毕,中军擂鼓,鸣天鹅声喇叭,呐喊,各兵一拥飞身追战,第二层随上。鼓少缓,又急擂鼓,第二层又飞身冲出前层之前冲战，前层少整队伍。右营等兵通照前阵内号令一体操战。候二层俱交锋之初，前伏兵一齐拥出贼之后。至左右兵合战得胜，听鸣金，战止，摔钹响，各整在所立信地。此时，在兵后左右伏兵照旧伏不许动，再听连鸣金三声退回，退法俱照前阵图号。退至中军之前，押阵大旗、巡视旗急摇，中军放铳一个，原设在阵后左右伏兵与中军正兵先将鸟铳一通尽放。擂鼓，吹天鹅声喇叭，合正伏之兵一齐呐喊，左右伏兵急进，中军退回，正等兵俱一齐转身，便冲进其前，与贼交锋混战，必胜而后已。摔钹响，收整队伍；又摔钹响，各押阵大旗收回。先立为长一字阵之表，比先出一字稍加稀阔，左右两营横离一百步。鸣金大吹打，各营照旗收回，仍为长一字阵立定。金止，中军禀"对垒安大方营"，禀讫，照后大方营图号施行。

发兵出列之图、收兵退回之图照前初出长一字图、俱与前出战收退之图相同，兹不重出，当取法于前图云。

夫南方，山水林翳，地势最狭。惟有前二阵用无不宜，此因地措形也。何则？善用兵者，因敌情转化其法，已云然矣，而不知善操习者，亦因兵情转化，岂有一定之习哉！善用形者，亦因地形措战，岂有一定之阵哉！况兵列既长，缓急之变，贼势叵测，苟或遇出于此格之外，偶有警急，岂能候中军号令？若遇未及照令施行之中，忽有前变，则前营把总即自主号令，先以备战，左营右营各听当前把总之号，即如中军号令一般。则后营伏兵即当于前哨之后、左、右，或遇山渠，或林木人家，或街巷湾曲可以潜躲身形之处，偃旗敛迹，衔枚充为伏兵。以备前哨万一却回，俟其走尽，追过我伏来，听在后老营兵炮响，即便突起截冲贼中，或出贼之后。如此必转以为功，而前伏不及设，亦不必设矣。其扎老营策应兵，如贼徒战进前哨兵来，俟贼过伏兵所在，即便冲上。后营兵一面在后太远处据险为家，阻拒扼塞，竖立营壁，管三营火兵，做饭备守。

一、战胜追贼防伏之法

夫倭性人自为战，善于抄出我后，及虽大败，随奔随伏，甚至一二人经过尺木斗壑亦藏之。往往堕其计中。辛酉之役，一月十捷，我兵损不及六七人。议者谓非兵之巧，乃贼之拙，此倭不如别倭之有伏也。殊不知将前法已曾教熟于平时。故如花街之捷，战追四十里而保全胜者，非贼之无伏，我有搜守之法而伏无所用也。其法：如贼徒一战而败，贼遂奔北，我兵追上，凡遇林木人家过溪转角之处，每量林木屋垣湾曲大小，即留一队或一哨守其必出之口，而他兵一面径跑追上。每遇一处，即留一处。又或村落极大者，即通行围止，听人进搜，无贼高声为号，又复前追。其麦田茂草之地，又皆可伏之所，我兵每一哨内即留一队，分投下路，星散麦田草中，搜打喊叫，一面正兵径追。故每战多于麦田中搜获生擒。此非避我者，正贼之伏也。

操法：以木牌上书麦田、村屋，分别大小等字，恁听一人以便插于教场，以灰画为委委曲曲羊肠大路一道。擂鼓交锋，既胜，追贼照前说，依图分往下路于所立木牌处搜防。今列图于后。

搜伏防伏之图

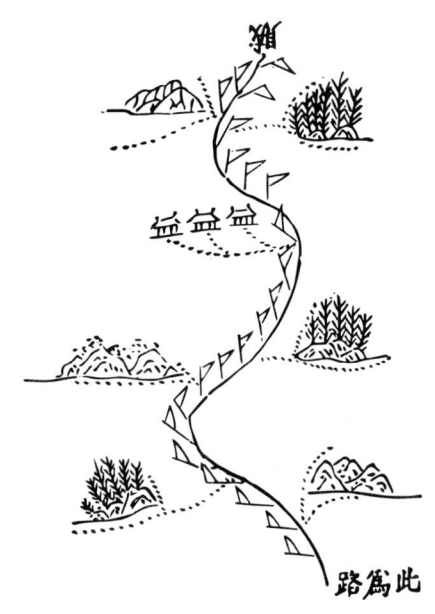

中军大战全捷，对垒安大方营，打金边，五方旗帜先出立表。执旗立表之人，执五方旗者，先于中军四直各数行足立定。各四角表旗，自门旗平看，亦行步如数立定，为四角之表。各须听主将预计，如每鸳鸯一队该去一丈计之，每面约若干队，为若干步。高招又少折一半，立为子层，前营兵即为前面，左营即为左面，右营即为右面，后营即为后面。

五方旗招先出立定图

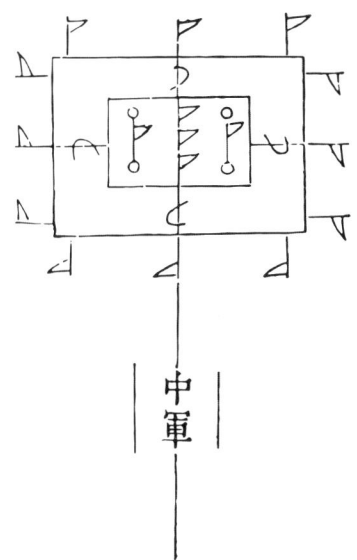

吹摆队伍喇叭，兵照各方旗色，依本旗望表蚁附下营。各哨为一簇，围聚门旗两边，俟人定，听吹长声单摆开喇叭，照方营图撒开，依鸳鸯整阵立定。司枕钁者，作掘堑势；立拒马者，立拒马；下蒺藜者，作安蒺藜势。锣鸣俱坐。竖黄旗，擂鼓，发火兵樵汲。鼓三通，发出，闭营门。吹号笛，官旗发放会议事，俱照台上发放号令施行。候各到地方，掌号吹长声哱啰，全营起身，擎枪作势，方伏黄旗，收火兵进营。起火一枝，各营举火炊食毕，即随报有贼之处，看竖何旗。如竖红旗，则前面备战；竖黑旗，后面备战；竖蓝旗，左面备战；竖白旗，右面备战。旗既竖，听哱啰一荡，起身收拾器械，点鼓鸣铳，先行在前，离本营一百小步立定。其该营之兵，前哨出在鸟铳后，每哨各队平列为一层，二哨在左，三哨在右，四哨在后，照图摆定。其中军亲兵之类，一字摆在出战兵之后，以补该面方营之缺。听吹摆队伍喇叭，前哨速❼摆大鸳鸯阵在前为正兵，左哨出左边，右哨出右边，后哨攒上前，与前哨相近二十步为次层接战兵。其❽左右两翼兵务与中间正兵相去各隔一哨之地，切不许挤密相联。各以一哨二哨为抄贼奇兵，三哨四哨径在大兵之前半里外左右，或山或险，或林木人家，或沟渠，但可遮藏形迹之处，俱各衔枚偃旗卧定为伏兵。其交锋之法，听中军放炮一个，吹长声喇叭一声，铳手放炮一层，吹过五次喇叭，放过五次炮，尽出战。如有令分付，若喇叭吹长声，紧吹数声不止，则凡在炮手，一齐单列，尽数放毕。点鼓，前哨慢行，出鸟铳外，擂鼓，吹天鹅声喇叭，呐喊交锋。任是如何，不许离乱鸳鸯阵法。一队一阵，任其乱杀乱砍，不许与牌手相离。一闻金响，即复原队。如贼不退，尚在交锋，金不鸣，中军擂鼓忽止，又点鼓，则该二层间队出。约将到，擂鼓，吹天鹅声喇叭，急出前层之前接战，两翼抄贼奇兵，相夹而进。如贼败走，原擂之鼓声闻不歇，则当交锋之层，只顾追杀上前，二层紧随。擂鼓少止，再擂，又是二层间出，只顾整队间出上前追杀。但闻鸣金三声，火速脚下立定。听摔钹响，速收整原队。鸣金一下，第一层退至最后层兵之后，听连鸣金二声，复擎枪回头作势，齐喝一声立定。又如此鸣金，二层又退回已退后层之后。又鸣金二声，又复擎枪回头作势，齐喝一声立定。再鸣金，又该已退在前之兵又退，又止。如此依听金令轮退，只至鸟铳之后。此时，贼若追我过伏兵来，中军即放大铳三个，两边伏兵一齐拥出，打铳兵皆横奔冲贼，务出死力抵敌，正面兵一齐回头拥上，四面合攻混战，老营发兵助势。此时伏兵已起，若已退正兵而不即回头拚命策应者，全队如禁令条约施行。大得胜，金响三声，各照前出退法退回原扎阵之地立定。金止，听报无贼，摔钹响收队；再摔钹响，收成大队。前层不动，后层少退，留左右二哨之空。左右二哨俱各脚下立定，再听摔钹响，左右二哨各驰回原空立定。鸣金，大吹打，鸟铳先回，进营门，即转身向前伏定，防前有贼来。兵哨挨次径归原营，每哨一聚。毕，喇叭吹单摆开，仍摆方营。馀三面之营，皆是一般号令出战。

凡营中无故放炮，是欲更变号令。炮响后，各营看中军竖何色旗，何营听备出战。通战收已毕，锣鸣，俱坐，中军禀收大营。起营吹长声哱啰，各起身，摔钹响，收成大哨，再摔钹响，五方旗招回中军各兵，听中军旗招点，各营照旗方向俱归旗下，为一字面前摆开，乃为四叠，听令收营。

凡战，但系正兵，俱听喇叭次数，或摆鸳鸯阵，或摆三才阵，随号无定。其两翼伏兵，定要摆作三才，决不用鸳鸯阵。盖伏兵要突出，必是奔跑，鸳鸯阵人众，跑远易乱，故只用三才阵，人少易出，应急为便。

交锋之法，兵在各伍牌后遮严，缓步前行。执牌在前，只管低头前进。筅、枪伸出牌之两边，身出牌之后，紧护牌而进。听擂鼓、吹天鹅声喇叭，交战。执牌者专以前进为务，不许出头看贼，伍下恃赖牌遮其身，只以筅、枪出牌之前戳杀为务。如不上前，队长、牌兵之责。如队长、牌兵被害，伍下偿命。其两翼之兵，先大张其势，望外开行。俟将战，急于贼之两边各令一半自外围戳而来，各令一半伏住。俟贼到，正面兵俱将牌立定不动，两奇兵急合。贼必分兵迎我两来奇兵。俟贼四顾夺气，正面兵即拥牌夹战。如胜负未分，前力已竭，又即点鼓，第二层由前层空内间出，如图，接应对敌。闻金得胜而止，依退法退回。架梁兵各带小旗一面，卷讫，知贼已无别伏，方才打得胜回营。

次摆队伍喇叭点鼓每一哨一聚图

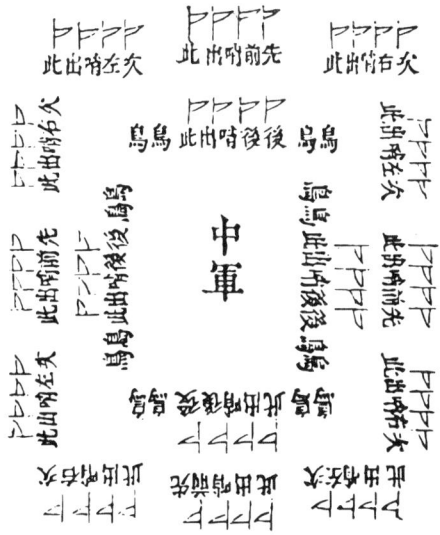

再吹单摆开，每鸳鸯一队，平去一丈五尺图

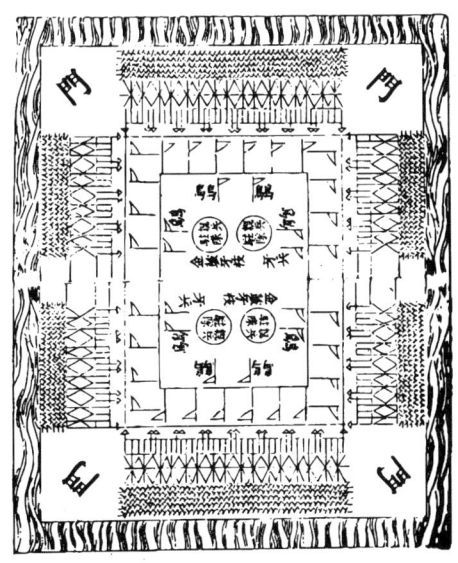

立定吹摆队伍又点鼓出变

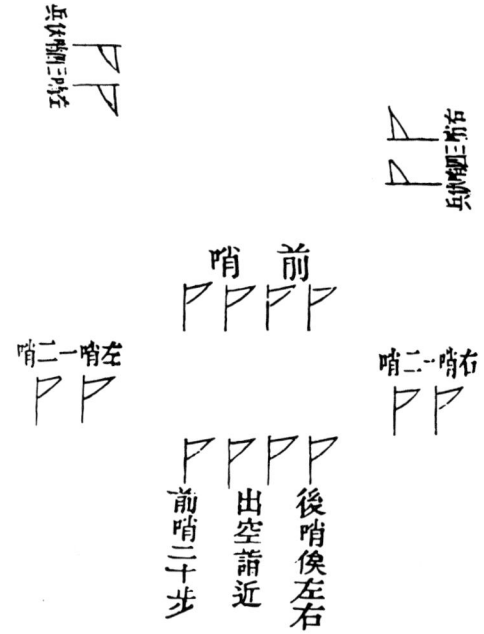

定立交锋之图、退兵之图、伏兵出战回兵策应之图，以上俱载前操长营内已详，兹照前图施行，此不重出。

一、收营法，即从方营收成四叠。放铳三个，呐喊三声，一齐收至将台。鸣锣过队，各回原扎两行信地。金响锣止，又慢鸣锣三声散，中军归列。鸣锣，兵士坐息。如出战在野，收回，则放铳呐喊毕，照行营随地形变几路收回。

以上操战法，似为定局，或者曰："所谓刻舟求剑也，倘兵非四营，将焉用此？"殊不知一队一哨皆可操，当照后演之式，不拘人多少。今将零哨、一哨起，至合四营上常操分合之妙，图说另具于后。

一、挨队操演，自一队起，至四队毕，又合一哨操。四哨毕，合一营操。此以下操法号令俱附各图右。如此，虽十人亦可用战法，亦有奇正。不过一头两翼一尾，中军为心，是谓握奇。心运四肢，当敌者为头迎锋，尾即继后，与头更番，间出不穷，两翼随之自远而近，迎合于前。但遇敌处即为头、为正兵；但在左右即为翼、为抄贼奇兵；但在后即为尾、为策应兵。其金鼓号令，虽操五人十人，由一队以至一营，由一营以至十万皆同。

一、操法，一队前来立定，锣鸣，坐地，听吹长声单哱啰，各起身执器械。听吹摆队伍喇叭，整队，鸳鸯队摆开。再听吹单摆开喇叭，即变如后图三才阵，点鼓前行。擂鼓，吹天鹅声喇叭，呐喊交战，五人为正兵，各三人为左右翼。金响三声，立定；鸣金一声，面前退回。连鸣金三声，即向前齐喝一声，立定。摔钹响，仍收鸳鸯队，打得胜鼓回，在教场空地立定。鸣锣，坐地休息。如是，又点哨长旗，第二队照前习战。二队毕。又点哨长旗，第三队习战毕。又点哨长旗，第四队习战，号令皆同第一队习战例。四队俱完，是一哨完。

一伍操图

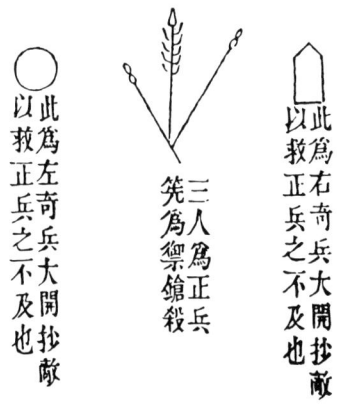

一队操图出鸳鸯阵变三才阵图

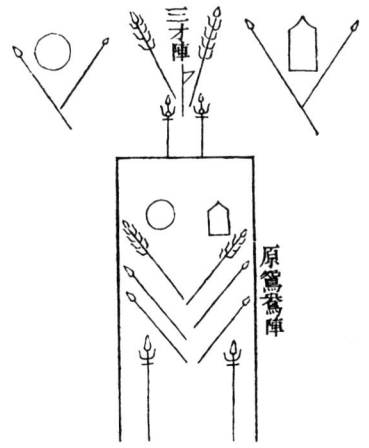

四队为一哨，操完，听哨官点旗吹哱啰，以上原操完的一哨，俱起听点鼓，整鸳鸯队。一队单行，二队三队并行，四队单行。立定，鸣锣坐息。听塘报在前摇旗，报有贼至，听吹哱啰起身。听吹摆队伍喇叭即整鸳鸯阵。

二队在左者左出，去正队一十小步，如野地不拘，但以进退便利为界；右者右出。听再吹单摆开喇叭，即分三才阵。如不再吹单摆开喇叭，是不分三才阵，只以鸳鸯阵听号交锋。但以吹喇叭声为准。如摆三才阵已定，听点鼓，头层一队慢行，四队在后跟上，听擂鼓，吹天鹅声喇叭，呐喊，第一队交锋。任是如何厮杀，不许乱了行阵。又点鼓，在后第四队由一队空中间出一队之前交锋。如此相轮，间出无穷。左右二翼二队、三队，照居中正兵一层进，一体进，一次只进至两翼，抄抱相合，在正兵之前止。听鸣金三声，各收原队；再鸣金一声，在前层退过在后一层，两翼一体各退原路。连鸣金三声，齐喝一声立定。又听鸣金一声，前层又退。退至原地，摔钹响，收成鸳鸯阵。再摔钹响，收成原哨立定。

　　是一面操毕，如后面塘报报有贼，即以四队为正兵，一队为二层间出，二队为右翼，三队为左翼，战法收法俱同前例。如操毕，左面报有警，即以二队为正兵，三队为第二层，四队为左翼，一队为右翼，战法收法号令俱同前例。如右面报有贼，即以三队为正兵，二队为第二层，一队为左翼，四队为右翼，战法收法号令俱同前例。哨长居中调度，为中军。

　　一二哨出战随敌分应遇贼处为首交锋操图

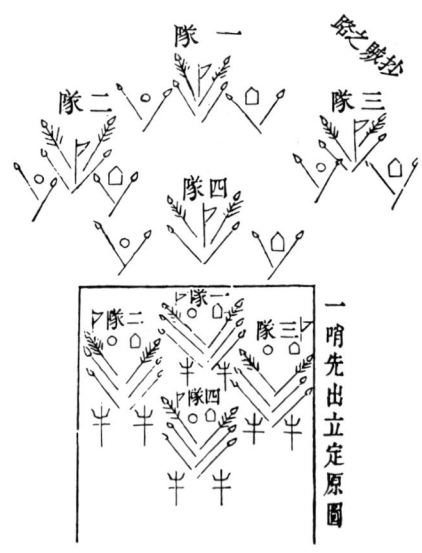

　　一哨操毕，回空地，鸣锣坐息。又听二哨、三哨、四哨各轮照一哨之法操毕，又听回空地，鸣锣坐息。如此四哨俱完，又鸣金边，探贼。待报警，即听本总点本哨官方色相同之旗，即各听吹长声哱啰，四哨通起身，收拾器具。鸣金边，发塘报，四哨旗即前至战地立表。每队有三步长，则左右旗各退第一哨之旗后十二步左右平立，第四哨旗在后之中，又退左右旗十二步立定。点鼓，先鸟铳，次前哨，挨次各就旗下立定。听点鼓，则每哨四队通攒到旗下，平列一字，听吹摆队伍喇叭，一哨鸳鸯阵摆开，每队相去三大步。如不再吹单摆开喇叭，是地形广阔，就用鸳鸯阵对敌。如再吹单摆开喇叭，是地险窄，要仍摆三才阵对敌。四哨亦照一哨摆作第二层，听令间出。二哨即由左面远离正兵或三二十步，或不拘，只相地形之便，或旁抄小路，但不许太远，声势不相救应。以一队、二队径出傍路，抄裹贼后。三队、四队即于出正兵三十步之前，不拘远近，随其山地形势，可以隐身之处，偃旗息鼓，衔枚按伏，以为伏兵。三哨亦照二哨之法，出正兵之右，亦一体以一队、二队比照二哨抄贼，以三队、四队比照二哨设伏。若遇地形偏斜，只有一边可以伏裹，临时听本哨便宜分布。若一边可伏，一边可抄，则听各哨之便，可抄贼者尽数抄贼，可埋伏者通哨埋伏。该总内中军等兵并不操之哨，急拨一哨官带在五十步后❾，据险一字摆开，为老营。如此布定，寂速为要❿。贼至小百步，听本总放铳一个，每掌号一声，鸟铳放一层，连掌号五次，五层俱放毕。听点鼓，一哨缓行出鸟铳前，听擂鼓，吹天鹅声喇叭⓫，呐喊，方才交锋。鼓即少缓，又点数声，第二层四哨兵急出。又擂鼓，听天鹅声，接应间出前层之前交锋。鼓又少缓，又点，第一层又出二层之前，擂鼓，吹天鹅声喇叭⓬，呐喊交锋。场操不拘几层，只管轮听鼓号、喇叭、呐喊，间空抽进。两翼二哨、三哨兵，亦照正兵号挨层抄进。若临敌交锋，一层已接，只有二层四哨接应，二哨、三哨抄裹之兵，待正兵第二层四哨一合前层共战，则两翼即来抄裹，以夺贼气，以壮兵久战之胆。或正兵佯却诱敌，或由正路，或由别所，任便战引，决不许经由伏兵之处却回误事。俟贼追过伏兵来，将近老营兵之时，听放大炮一个。伏兵闻炮，左右二哨者两边齐呐喊跃出，或冲贼腰，或出贼后。贼必慌忙回顾。奔回之兵，火速转身，本总听大擂鼓，尽力一拥追杀前去，万胜无差。战毕，听连鸣金三声，即各于脚下立定。再听摔钹响，即各归原队哨。听鸣金一声，第一层先间队退回后层之后。听连鸣金二声，喝一声立定。又鸣金一声，在前之层又退过已退兵之后，依前令鸣金喝立。如此轮间抽回，只至老营原地，听摔钹响，照原单摆开图立定。又听摔钹再响，照原初出营队立。听金鼓齐鸣，鱼贯收还回军。如贼从后来，即以四哨为正兵迎锋，二哨一、二队为右翼兵，三、四队为右伏兵；三哨一、二队为左翼兵，三、四队为左伏兵。一哨为后哨。如贼从左来，即以二哨为前哨正兵，三哨为后哨策应，四哨一、二队为左翼兵，三、四队为左伏兵，一哨一、二队为右翼兵，三、四队为右伏兵。如贼从右来，即以三哨为正兵迎锋，二哨为策应，一哨一、二队为左翼兵，三四队为左伏兵，四哨一、二队为右翼兵，三、四队为右伏兵。

一哨立表图

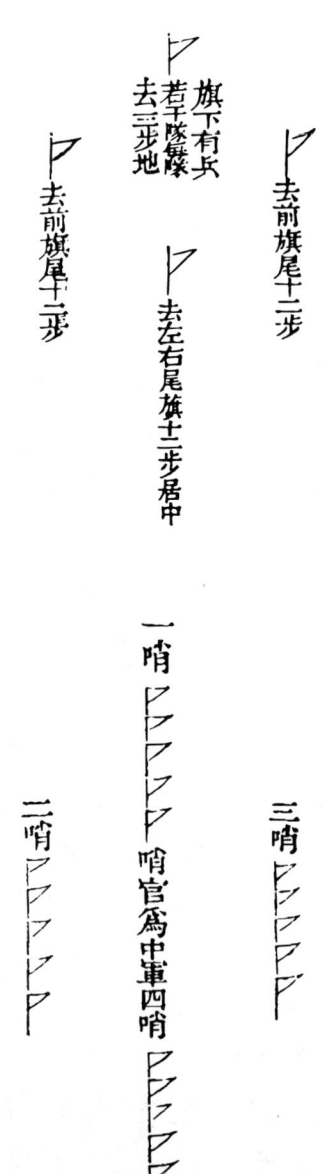

初出

再吹摆队伍图

再吹单摆开图

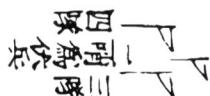 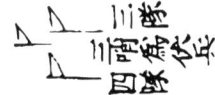

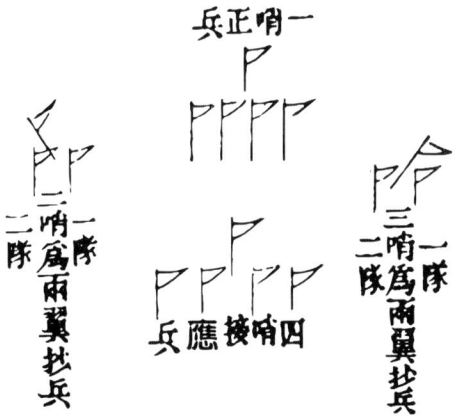

出战图

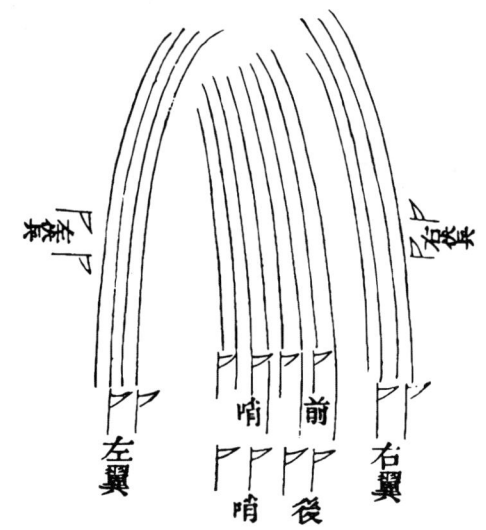

伏兵起身出敌图

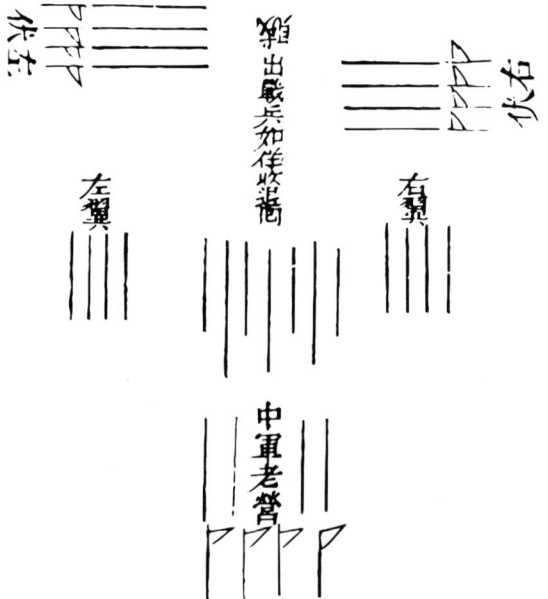

伏兵既出，老营兵急应，原却兵即回身向前。

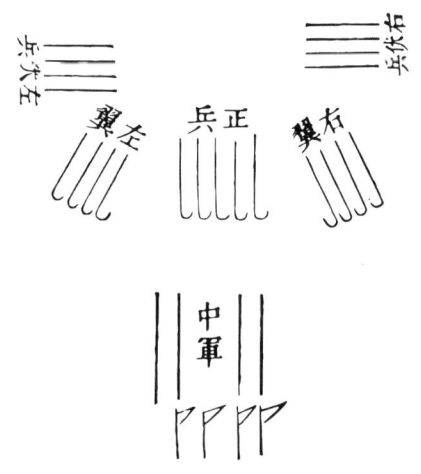

如在教场前面操完，收回原地方立定，未及回军，忽报后面有警，即以在后之哨为第一层正兵，先回之哨为第二层策应。正行之兵各于脚下鳞次鸳鸯阵转身立定迎敌。在左之哨，一哨、二哨为左翼，三哨、四哨为左伏。在右之哨，一哨、二哨为右翼，三哨、四哨为右伏，各照旧法。但伏兵即于战兵第二层之后左右，即在阵中设伏，不及别寻伏地。抄兵急急张两翼而上，不必正兵二层轮进之时方才同二层进。此是一总通出之法，其出战、收兵、埋伏、出敌号令俱与下方营时一面战之例并不差更。如又❸依令收回，仍立定，听吹转身喇叭，仍转前面。再听报左面有贼，即以左面左哨为第一层正兵，右哨为第二层策应，前哨一哨、二哨为右翼，三哨、四哨为右伏。后哨一哨、二哨为左翼，三哨、四哨为左伏。对敌收军，一如前面号令。兵❹回原地，仍听吹转身喇叭，照前面初出图立定。未及回军，又听报右面有警，即以右面右哨为第一层正兵，左哨为第二层间出，前哨一哨、二哨为左翼，三哨、四哨为左伏。后哨一哨、二哨为右翼，三哨、四哨为右伏。对敌收军，一如前面号令。所谓"无不可为头，无不可为尾，无不可为翼，无不可为伏，庶临事任从何面有警，任从前后左右，无不即成营阵队伍。左之左之，右之右之，无不由之，如驱群羊"是也。若不如此广习通用❺，万一地窄贼近，仍要调过前哨向贼为正兵，误事岂小小哉！

一总操定，即大鸣金鼓，照鸳鸯阵行回原扎大营信地，依行伍立定，鸣锣坐息，听一总。又看将台何色旗点，照旗色把总带兵，点鼓，听吹哱啰起身，赴中军，照先操一总号令布战，抄伏收退之法，毫厘不许差错。如此，五总通完，各仍回信地，摆列坐定休息，听中军号令。合营大操，俱如一总之法，四面报贼，随警调应，亦同一总四面之法，但因地形而加人数之多耳。凡每谓之前后左右，各以前后左右之总配之。每谓之一二三四哨者，则以前后左右所分之哨配之，由此而增，百万一法。

附宁绍操练生兵阵图，其号令俱如见行，并不重注。

点鼓各分出引至其地立定

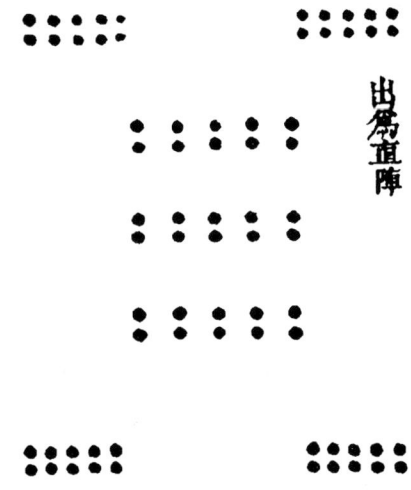

一变为三叠阵

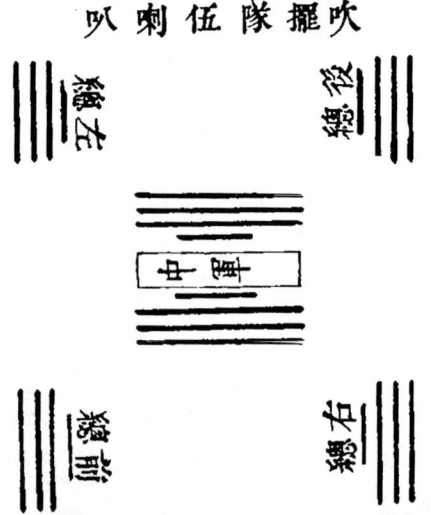

二变为方阵皆缺内图

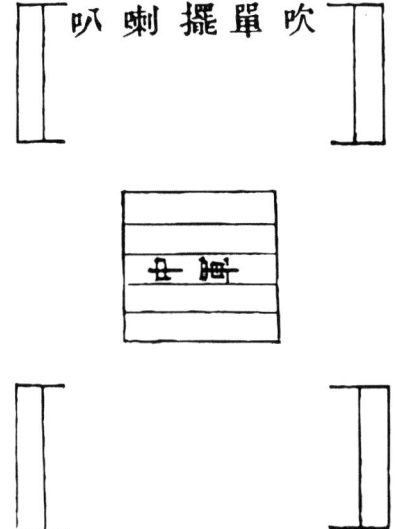

三变为铳[11]阵放炮一个立起高招吹摆开喇叭

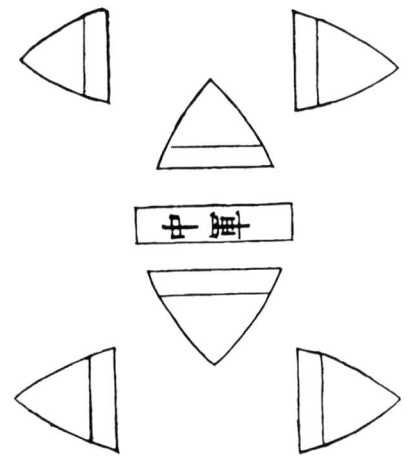

　　收法，摔钹响，收拒马。点步鼓，自铳[11]阵收为方阵。又钹响，点步鼓，自方阵变为三叠。又钹响，自三叠收为直阵，又钹响，点鼓，作二叠回军。

结伍法

以五人为伍,立一伍长主之,必择平素相识者,昼战面貌足以相见,夜战声音足以相知。

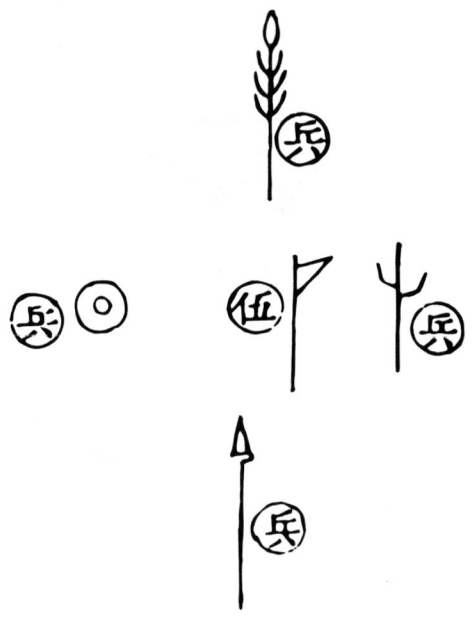

立队法

以伍层站立,队长居前,伍长居中,以成一方,纵横成行,古所谓行伍,即此法也。

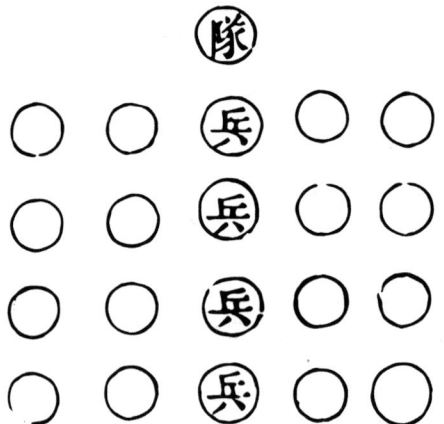

结队法

以五五二十五人为一队,立一队长主之。队者,元首也;四伍,四肢也;四兵者,拇指也。临阵立以连形之法,如身使臂指是也。

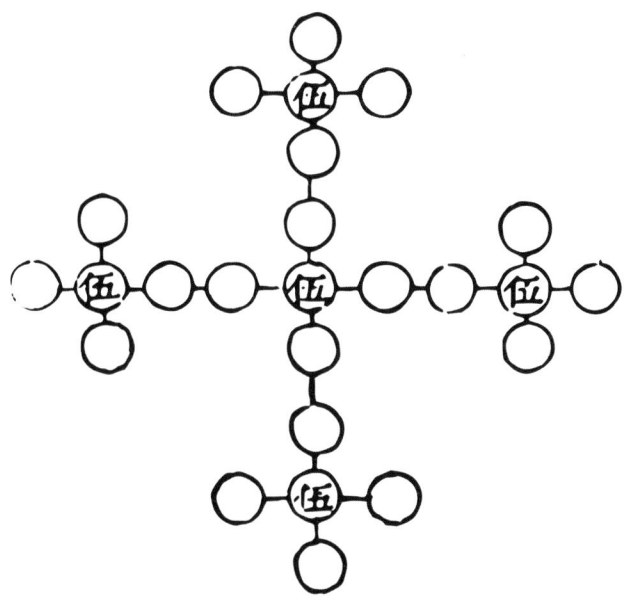

结攒法

以四队为一攒,立一攒长主之。其形如"井"字,加以束伍之令。古所谓结者如丝之有纽,而不可卒解者也。

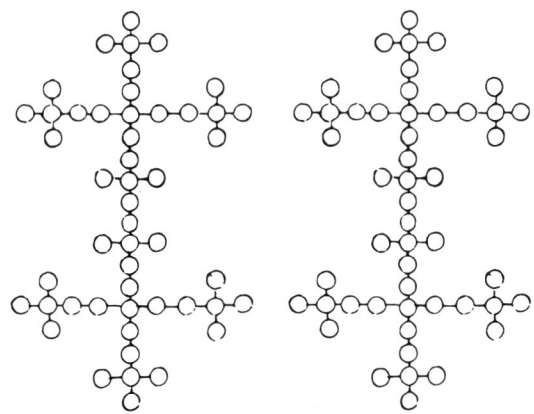

校记

❶"禀讫",学津本作"禀起",本卷内通作"禀讫",据改。
❷"步娴",学津本作"步闲",据庚寅本改。

❸学津本此句作"贼虽竭力以刀石掷敌",别本同此。细审文义,改"掷敌"为"掷我"。

❹"未"字,学津本作"不",据西谛本、朱本改为"未"。

❺原图无标题,此标题为点校者拟加。

❻"止",学津本作"正",据西谛本改。

❼"速",学津本作"疏",据庚寅本改为"速"。

❽"其",学津本误为"共",据西谛本、朱本改正。

❾"急拨一哨官带在五十步后"句,西谛本、庚寅本皆作"急带一哨官在五十步后"。二者文义并通,存疑。

❿"寂速为要",学津本作"疾速为要",据西谛本改。

⓫学津本无"喇叭"二字,别本同。疑有脱文,据本卷上下文义补。

⓬学津本无"喇叭"二字。

⓭"又",学津本、朱本误作"文",据西谛本改正。

⓮"兵",学津本误为"先",据西谛本改正。

⓯"广习通用",西谛本、庚寅本、朱本皆作"广习独用",此处仍从学津本。

⓰"铳",学津本误为"锐",据西谛本、庚寅本改正。

⓱"铳",学津本作"锐",据西谛本改。

卷第九

出征起程在途行营篇

一、主将先传令票箭，期会讫，不拘时分，但闻第一荡喇叭，收拾军装，做饭吃讫，点查干粮。一面先将前哨塘报人马，每塘五名，各以相望为准，不拘远近，每路设二十四塘。大约二十馀里以内，自人马聚处，通该差塘报。一齐令行，至一里外或不及，但彼此可以相望，如视望不真，即留住一塘，立旗站定，别塘再走。至仅可望见，又留一层，只至留到二十四层，立完，站候。

听吹第二荡喇叭，中军摆"清道"旗出，次领哨把总等官领人马挨哨出城。主将居中军。第三荡喇叭，掌号笛官、旗听发放毕，各回哨。中军点鼓。如一路行，则中军先点大红旗一面，以前总居前，次左总，次中总、中军，次右总，次后总❶。俟各行开已毕，中军竖高招一竿，各部高招俱起，如图一路行。兵行则塘报亦行，兵止则塘报亦止。

如前途稍宽，中军行至宽处，放炮一个，各于脚下立定。听起火二枝，放炮二个，立起高招二竿，即如图听二路行。看点蓝旗，则左总由左行，与前总头平不动。中军蓝旗伏，二总旗亦伏。中军又点黑旗，后总由左行，与右总头平，立定，放炮二个，点鼓，二路行。

如路又稍宽，中军放炮一个，各俱脚下立定，听放起火三枝，炮三个，中军竖高招三竿，黄旗急点，前两路平开，空中一路，待中总进入，与前左二头平。再放炮三个，点鼓，作三路行。

如路再宽，可四路行，中军放炮一个，各即于脚下立定，听中军放起火四枝，炮四个，竖起高招四竿。前总不动，白旗点动，右总入左总之右，二头相平，后总入左总之左，四头相平。中军居其后。再放炮四个，起火四枝，点鼓，作四路行。

如路再宽，可五路行，中军放炮一个，各仍立定，听举起火五枝，放炮五个，黄旗点，中总入居其中。再放炮五个，起火五枝，点鼓，作抬营而行。

如五路欲变四、三、二、一路，或四、三、二、一路各因道路宽狭变行，俱如前层变过图。但听看中军既放止炮之后，有起火几枝，炮几个，点某色旗，即依数分几路。

如遇贼，凡四五路行即变方营待敌；如一三路行之际，即变照急营。前总速照一总操法备战，左、右、后三总即各设伏、出翼、扎老营、分头❷而作。前兵见报，如贼不来迎战，只许伏哨扎营，以待中军号令，不许擅便轻易失事。照节制图式施行。

一、前哨有五方旗一副，高招一副，有事方开。见林木开青旗，阻水泽开黑旗，遇兵马开白旗，山险开黄旗，烟火开红旗。过所见之物即卷旗❸。高招，如道可一路行，立一面；二路行，立二面；三路行，立三面；四路行，立四面；抬营行，立五面。后部挨队，递相传开。

一、凡塘报哨见贼，急则磨红旗，缓则磨黄旗，众则磨青旗，少则磨白旗，无路可行则磨黑旗。一层既磨，各层照前；一时俱磨，一层退至一层。如贼不来，复又立定。如贼再追，一层又退一层，只退至营前。断不许见贼磨旗之后，不论贼之追不追来，一齐拥众径回，如此军法示众。

如贼自塘马腰内突出，与我兵忽遇，不及下营者，即下急营。我兵即时于所行之地立定，近贼者不必抽间队，尽数备敌。先铳平列打贼，次挨牌短兵出战。其无贼处，一面照操拨人应援，一面安立钉牌、拒马为一字阵。别部应发援兵者，或包水港沟渠。若贼可望见者，止守营，不许遣接奇兵，恐贼乘之。如贼不见之处，虽有险隘沟渠，正我兵出奇必胜之利，亦须相险设智，别渡精锐一二百人，绕出不意，必可取胜，此上策也。盖猝遇贼，非伊前锋，则为后殿，及或四散抢劫零贼，必无大众，唯有制，必取胜也。

一路行营之图

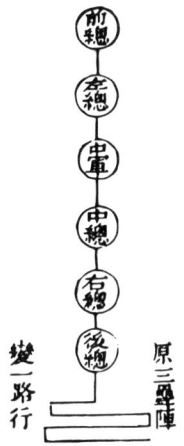

一路变二路行营之图

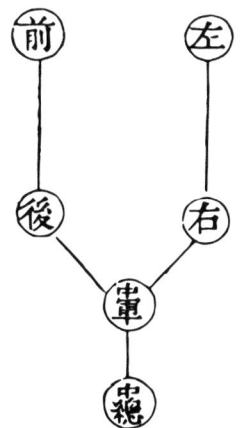

二路变三路行营之图

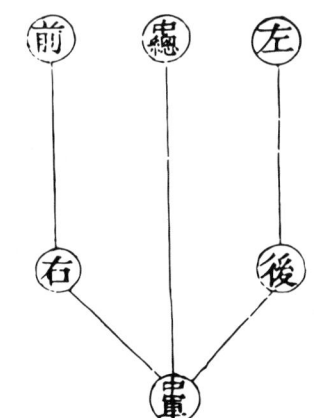

三路变四路行营之图

行营该传接金鼓旗号

大将旗鼓，行军摆列清道，临时变战营图说，摆列图另开在后。

凡有职人员，俱全装披，执军器。
军令牌四面，可用四人。
大门旗十面，每面用人二名。
五方旗十五面，神旗五面，单摆。飞虎旗五面，五方摆。五行五面，一字摆。用人十五名。
角旗十面，每面一名。
五方高招，正副十面，用人二十名。
坐纛一面，用人五名。护纛亲兵二十五名。
押旗令旗二十四面，用人二十四名。下营即散营内督察监军。
金鼓旗四面，用人四名。
金鼓二副，钲二，摔钹二，哱啰四，喇叭四，鼓十二，笛二，板二，细乐八，共用吹鼓手三十八名。
每五方旗高招一面，后护旗各精兵五名，共十层，用兵五十名。
将马前：
令牌三面，官三员。

长短兵每排五名，共五层，通一队二十五名。

马后：

令字小旗牌背招一十二面，用马十二匹，亲信胆勇员役执之，每四人一层，分三层，专听督遣密令。

押后兵二十五名，各用长短器。

细近路如线，则每五人以中一人，前后四人，分二层，各去一步。使不混别层之意。前后层各十步。

路宽远，则每层照单摆列，每前后各去十五步。

遇贼报，正行间，中军闻报，放起火一枝，炮响一声。五方大旗内，黄旗即随主将踏定战地竖起，前后旗号俱攒来黄旗下，四方分出立表。每方门旗以下，旗招护兵等役，俱随各旗列方。其本方旗居门旗之中，招居方旗之后。招高于方旗，方旗高于门旗。金甲旗并金鼓旗领金鼓居将之左右，列前兵一队，居将前，令字招旗居将后，专听指麾，督兵战杀。后亲兵一队，两分列于金鼓之外。

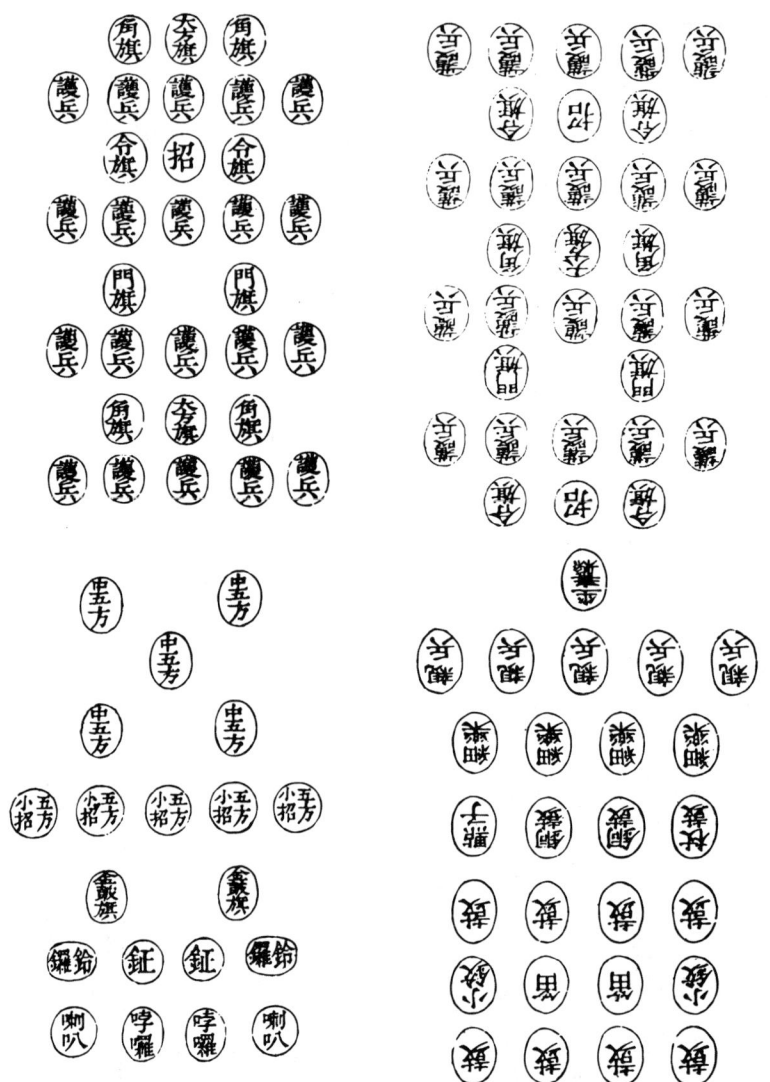

校记

❶ "次后总",学津本作"次后后总",多一"后"字,西谛本亦然,"后"字乃衍文。今据朱本删。

❷ "分头",学津本作"分投",兹据庚寅本改。

❸ "过所见之物即卷旗",学津本作"过所见之物即卷其高招","旗"误为"其",致句子难读。今据庚寅本改"其"为"旗",将"高招"断在下句,则文从字顺。

卷第十

长兵短用说篇

器械不利，以卒予敌；手无搏杀之方，徒驱之以刑；是鱼肉乎吾士也。器习利，而无号令金鼓以一其心，虽有艺与徒手同也。三军既熟悉吾令，则当精乎艺，艺与法令当并行而不悖者。故以长短兵说为第十❶。

夫长器必短用，何则？长枪架手易老，若不知短用之法，一发不中，或中不在吃紧处，被他短兵一入，收退不及，便为长所误，即与赤手同矣。须是兼身步齐进。其单手一枪，此谓之"孤注"，此杨家枪之弊也，学者为所误甚多。其短用法，须手步俱要合一，一发不中，缓则用步法退出，急则用手法缩出枪杆，彼器不得交在我枪身内，彼自不敢轻进❷。我手中枪就退至一尺馀，尚可戳人，与短兵功用同矣。此用长以短之秘也。至若弓箭、火器，皆长兵也，力可至百步者，五十步而后发，力可至五十步者，二十五步而后发，此亦长兵短用之法也。长则谓之势险，短则谓之节短，万殊一理。

长枪总说

夫长枪之法始于杨氏，谓之曰"梨花"，天下咸尚之。其妙在于熟之而已，熟则心能忘手，手能忘枪，圆神而不滞。又莫贵于静也，静则心不妄动而处之裕如，变幻莫测，神化无穷。后世鲜有得其奥者，盖有之矣，或秘焉而不传，传之而失其真，是以行于世者卒皆沙家、马家之法。盖沙家竿子、马家长枪各有其妙，而有长短之异其用。惟杨家之法有虚实，有奇正，有虚虚实实，有奇奇正正❸。其进锐，其退速，其势险，其节短，不动如山，动如雷震。故曰"二十年梨花枪，天下无敌手！"信其然乎。施之于行阵，则又有不同者。何也？法欲简，立欲疏。非简无以解乱分纠，非疏无以腾挪进退❹。左右必佐以短兵，长短相卫，使彼我有相倚之势，得以舒其气，展其能，而不至于奔溃。兵法曰："气盈则战，气夺则避"是已。今将六合之法并二十四势绘录于后，以广其所传云。

八母枪起手

你扎我，我拿枪。你扎我，我拦枪。你扎我脚，我颠枪。你上扎，我捉枪。你下扎，我櫓枪。你上扎，我捉枪。你下扎，我颠枪。你枪起，我缠拦下。你扎我，我拿枪。

一合

先有圈枪为母，后有封闭提拿，梨花摆头救护要分明。里把门，外把门，闪赚是花枪。名曰"秦王磨旗"。

我扎你，你拿枪还枪，我拿枪。我扎你，你拦下还枪，我拦枪。你尽头枪，我颠枪还枪，你拿枪还枪，我拿枪。你扎我，我拿枪闪赚花枪上，你拿枪还枪，我拿枪。你扎我，我拦下闪赚花枪上，你拦下还枪，我拦枪。你扎我尽头枪，我颠枪闪赚花枪上，你拿枪还枪，我拿枪。我摇花枪。乃秦王磨旗。

二合

先有缠枪，后有拦枪，黄龙占杵，黑龙入洞，拿枪救护，闪赚花枪上。名曰"凤点头"。

我缠你枪，你扎我，我拦下还枪，你拦下还枪，我拦枪。你扎我，我拿下，你起枪，我随枪缠拿下。你拦枪，我还枪，你拿下还枪，我掤退救护拿你枪。你扎我，我拦下。我摇花枪。乃凤点头。

三合

先有穿指，后有穿袖，鹞子扑鹌鹑救护。闪赚是花枪，四面是枪法。名曰"白蛇弄风"。

你扎我，我拿下闪赚花枪上，你拿枪还枪，我拿枪。你扎我，我拦下闪赚花枪上，你拦下还枪，我拦枪。我摇花枪。乃白蛇弄风。

四合

先有白拿枪，掤退枪救护；后有白拦进步，如猫捉鼠救护。闪赚是花枪。名曰"铁扫帚"。

我白拿进步上扎你,你拿枪还枪,我挪退救护拿枪。我白拦进步上扎你,你拦枪还枪,我拦枪。我白颠进步闪赚花枪上扎你,你拿枪还枪,我拿枪。我摇花枪。乃铁扫帚。

五合

先有四封四闭,后有死中反活、无中生有。迎封接闪赚是花枪。名曰"拨草寻蛇"。

你扎我,我拿枪进步扎你,你拿枪还枪,我拿枪。你扎我,我拦枪进步扎你,你拦枪还枪,我拦枪。你拿下我枪,你枪起,我反拿你枪,你拦下我枪,我枪起反拦下你枪❺。你拿我枪,我枪闪过拦你枪;你拦我枪,我枪闪过拿你枪。你扎尽头枪,我颠开捉住,你反起扎我,我拦下闪赚花枪上,你拦枪还枪,我拦枪。我摇花枪。乃拨草寻蛇。

六合

一截,二进,三拦,四缠,五拿,六直。闪赚是花枪。下游场拨草寻蛇,上游场秦王磨旗。

一接,二进,三拿,四缠,五拦,六直。大游场秦王磨旗,铁扫子必无路。

枪诀❻

裙拦枪、伏虎枪地蛇【枪】破❼;地蛇枪尽头枪破,中平枪中平枪破。

中平枪,枪中王,高低远近都不妨。高不拦,低不拿,当中一点难遮架。去如箭,来如线,指人头,扎人面,高低远近都看见。

枪是伏腰锁,先扎手和脚;疾上又加疾,扎了还嫌迟。

枪有三件大病:一立身法不正,二当扎不扎,三三尖不照。必上照鼻尖,中照枪尖,下照脚尖。

你枪发,我枪拿,你枪不动我枪扎。来得紧,去得硬,不遮不架是个空。

枪法❽

缠枪　拦枪　破缠　破拦　中平　死复生　一进一退　一上一下　进步虚下拿还枪　扑法　守法　橹法　颠捉　苏法❾　捉法　看法　即法❿　身法　坐法　迟法　六封六闭　白鹞　黑鹞　白蛇弄风　铁扫帚　梨花枪　蜈蚣钻板　朝天枪　白牛转角拗　边拦⓫　裙拦⓬

【以上诸法，颇属烦杂，兵士愚下，岂能一一皆习？但载之不得不备，自有用心者精之。而教兵惟用封、闭、捉、拿、上拦、下拦六枪。封、闭、捉、拿有大门有小门，只此已足用⓭。】

制长枪法式

后手如细则掌把不壮，后手要粗可盈把，庶有力。后手要把在根尽头，庶枪身活动不滞。枪腰要从根起渐渐细，只至头【而止】⓮。如腰粗则硬强不可拿【枪】⓯，腰细则软而无力，虽手法之妙，不能拿打他枪开去也。枪梢⓰不可辄细，要自后渐细方有力。最忌太重，重则头沉，不可举动，是弃枪也⓱。枪头重不可过【四】两⓲，至妙至妙。

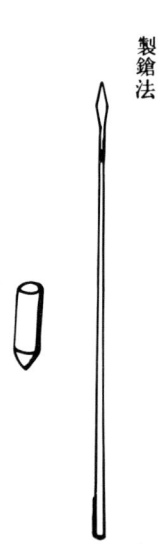

製鎗法

枪鐏⓳式

右枪杆椆木第一，栒木轻而稍软，次之。要劈开者佳，锯开者纹斜易折。攒竹❷腰软，不可用。

巡抚荆川唐公于西兴江楼自持枪教余，继光请曰："每见他人用枪，圈串大可五尺，兵主独圈一尺者何也？"荆翁曰："人身侧形只有七八寸，枪圈但拿开他枪一尺，即不及我身膊可矣。圈❷拿既大，彼枪开远，亦与我无益，而我之力尽。"此说极得其精。余又问曰："如此一圈，其工何如？"荆翁曰："工夫十年矣。"【时有龙溪王公、龙川徐公，皆叹服。】❷一艺之精，其难如此！

习法（二十四势）❷

夜叉探海势

乃持枪行立看守之法。遇敌变势，随机应用，无不中节。

四夷宾服势

乃中平枪法。为六合枪之主，作二十四势之元，妙变无穷。自古迄今，各械鲜有当其锋，诸势莫可同其趣。

指南针势

乃上平枪法。其类用近乎中平,而着数不离六合之变。有心演悟,二十四势之中可破其半。

十面埋伏势

乃下平枪法。门户紧于上平,机巧不亚中式,精于此者,诸势可降。

青龙献爪势

乃孤雁出群枪法。势势之中,着着之内,发枪扎人,不离是法。

边拦势

乃里把门封闭枪法。守门户有缠、捉、颠、拿、闪赚、上穿、指袖股。倘他出马一枪迎，抱着琵琶埋伏。

铁翻竿势

乃外把门黄龙点竿枪法。一截二进蛇弄风，扑着鹌鹑不放松。

跨剑势

乃裙拦枪法。大开门户诱他来逐，我中途拿剎。他虚我实摇花枪，他实我虚掤退救。

铺地锦势

乃地蛇枪法。起手披挨急刺,高来直擦难饶。若他滴水认针穿,苏法死中反活。

朝天势

乃上惊下取枪法。摇旗扫地铁牛耕,那怕他拖刀诡诈[21]。

铁牛耕地势

乃急捣碓枪法。硬去硬回莫软，惟有此枪无空。他能平伏闪吾枪，就使黑龙入洞。

滴水势

乃提颠之法。顺手凤点头，披扑中取巧。进势用骑龙，出可掤退勇。若还破低势难同，伏地枪百发百中。

骑龙势

乃扣步枪法。进有拨草寻蛇，退有边拦救护。梨花滚袖似穿梭，四面是枪云罩雾。

白猿拖刀势

乃佯输诈回枪法。逆转硬上骑龙,顺步缠拦崩靠。迎封接进弄花枪,就是中平也破。

琵琶势

乃白牛转角枪法。上来钩崩进挫,中来滚剁挨拿好,下来提橹快如梭,得手青龙献爪。

灵猫捉鼠势

乃无中生有枪法。进步虚下扑缠,赚伊枪动使梨花,遇压挑天冲打。

泰山压卵势

乃鹰捉兔之法。势维高发[25]，身中变异。任他埋伏地蛇冲，我又磨旗扫地。

美人认针势

乃尽头枪法。好破地蛇，防他颠捉[26]。起手凤点头，披闪认真[27]戳。

苍龙摆尾势

乃掤退救护之法。电转风回，惊散梨花闪赚。

闯鸿门势

乃抛梭枪法。身随枪进，闪坐剁拦，捉攻硬上。经曰"六直"，妙在其中。用长贵短，用短贵长，此艺中妙理。短而长用者，谓其可御彼长。长入短，不中，则反为长所误。故用长以短，节节险嫩，就近身尺馀，法便不老。彼见我长，安心欲使我进深无用，我忽节节短来，彼乃智屈心违，仓卒使彼对我不及。此用长之妙诀，万古之秘论也。

伏虎势

乃六封枪法。斜倒硬上如风，退闪提拦缠捉，他如压卵又朝天，铁扫迎封接靠。

推山塞海势

乃护膝枪法。高来摇旗挨捉，低来铁帚颠提，中来如箭有虚真，可用铁牛耕地。

鹞子扑鹌鹑势

乃拨草寻蛇枪法。高接虽用缠拿，逢中披擦直过。倘他掤退把枪还，滚手中平一刹。

太公钓鱼势

乃磨旗枪法。诸势可敌，轻挨缓捉，顺敌提拿。进退如风，刚柔得体。

校记

❶"第十",学津本、西谛本、庚寅本等并误为"第九",朱本作"第十"。今据篇目顺序改正。

❷按:自"须是兼身步齐进",至"彼自不敢轻进"一段文字,与李承勋本《纪效新书》卷三《手足篇》所载略有出入,而李承勋本的文字似更畅达些。录之如下,供读者比对:"其单手一枪,谓之'孤注',此杨家枪之弊也。妙在身步齐进,手足合一,一发不中,缓则用步法退,急则用手法缩出枪杆。彼器不得交在我枪身内,彼自不敢轻进。"茅元仪《武备志》卷八十七引《纪效新书》有类似的说法。

❸按:自"盖沙家竿子、马家长枪各有其妙"至"有奇奇正正"一段文字,与李承勋本《纪效新书》卷四《手足篇》所载略有不同,兹抄录如下:"沙家呼为竿子,各有其妙而长短异其用。惟杨家之法,手执枪根,出枪甚长,且有虚实,有奇正,有虚虚实实,有奇奇正正。"

❹"腾挪进退",李承勋本作"掤挪进退"。

❺"我枪起反拦下你枪",学津本、西谛本、李承勋本、朱本均作"你枪起反拦下你枪",今据文义改。

❻标题为点校者所加。

❼"地蛇枪破",诸本均作"地蛇破",今据文义补"枪"字。

❽标题为点校者所加。

❾"苏法",学津本、庚寅本均作"梭法",误。今据西谛本、李承勋本及《武备志》卷八十七引《纪效新书》改正。按:"苏法"也作"甦法",乃死中反活之法。见本卷二十四势中的"铺地锦势"。

❿"即法",学津本、庚寅本均作"接法",实误。今据西谛本、李承勋本改正。

⓫"边拦",诸本皆写作"边枪",实为"边拦"之误。按:本卷二十四势中有"边拦势",戚氏曰:"乃里把门封闭枪法"。吴殳认为,"此势乃革戳脚者",说见《手臂录》卷二。又"边拦"与"裙拦"是一对封闭枪法,在里把门为"边拦",在外把门为"裙拦",故此处两枪并举。

⓬按全部枪法的排列次序,学津本与西谛本略有不同,李承勋本与西谛本相同,学津本显有舛乱,点校者采用了西谛本的排列次序。

⑬自"以上诸法"至"只此已足用",此段文字不见于西谛本、学津本、庚寅本及各种清代刊本,惟见于李承勋本及《武备志》卷八十七引《纪效新书》。显然,这是戚继光晚年重新修订《纪效新书》时增补上去的。今由李承勋本《纪效新书》卷四《手足篇第四》迻录过来。

⑭"而止",学津本脱去,据西谛本补之。

⑮"枪"字,学津本脱去,据西谛本补。

⑯学津本作"枪稍",此处径改为"枪梢"。

⑰学津本脱去"是弃枪也"四字,庚寅本同,此据西谛本补上。

⑱学津本原作"枪头重不可过两",点校者补上"四"字。参见卷第六校记❶。

⑲学津本作"镈",当误,据文义改。

⑳"攒竹",学津本误为"攒打",据西谛本改正。

㉑学津本"圈"字讹为"图",据西谛本改正。

㉒学津本脱去"时有龙溪王公、龙川徐公,皆叹服"十三字,诸清刊本皆然。今据西谛本补之。

㉓"(二十四势)",点校者加。

㉔"诡诈",学津本作"诡计",《手臂录》卷二亦作"诡计",西谛本、李承勋本及庚寅本、朱本均作"诡诈",从改。

㉕"势维高发",学津本作"势虽高发",今据西谛本、李承勋本、庚寅本、朱本改正。

㉖"防他颠捉",学津本作"防他颠提",今据西谛本、李承勋本、庚寅本、朱本改正。

㉗"认真",学津本、西谛本、庚寅本、朱本均作"认直",唯李承勋本及《武备志》卷八十七引《纪效新书》作"认真",细审文义,"认真"为当,从李承勋本改。

卷第十一

藤牌、狼筅❶总说篇

一、藤牌总说❷

干❸,古有圆长二色,其来尚矣。主卫而不主刺。国初,木❹加以革,重而不利步。以藤为牌,近出福建。铳子虽不能御格,而矢石枪刀皆可蔽,所以代甲胄之用,在南方田塍泥雨中颇称极便。其体须轻,坚密,务使遮蔽一身,上下四旁无所不备。

用牌之间,复有所谓标者,所以夺人之目,而为我之疑兵,所赖以胜人者也。牌无标,能御而不能杀。将欲进步,然后起标,勿轻发以败其事。腰刀用于发标之后以杀敌,非长利轻泛则不能接远。

其习牌之人,又须胆勇气力、轻足便捷少年,然后可授之。以此置于行伍之先,为众人之藩蔽,卫以长短之器,为彼之应援。以之临敌,其众可合而不可离,可用而不可疲,进退左右,无所不利。此藤牌之功用也。

今将牌势之可录者,绘说于后。

(一) 习藤牌

人牌一面,内用大藤为骨,以藤篾条条退藤缠联❺。每面随牌标枪二枝,腰刀一把。其兵执牌作势向敌,以标执在右手,腰刀横在牌里,挽手之上,以腕抵住。待敌长枪将及身,掷标刺之,中与不中,敌必用枪顾拨,我即乘隙径进,急取出刀在右,随牌砍杀。一入枪身之内,则枪为弃物,我必胜彼矣。但掷标后而仓皇不及取刀,是一大病。其御短兵更易。

(二)牌、标式❻

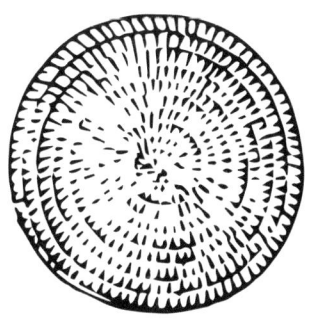

右牌,用藤云云。木牌、皮牌皆类此用。

右标枪。或用稠木、细竹皆可,但前重而后轻,前稍粗而后稍细为得法。

(三)藤牌八势❼

懒扎衣势❽

此起手势也。照高管下,横行直进,诸势可变,有躲闪之妙。

斜行势

此乃直来横受之法。动偏步上❾，硬骑龙以进人之左。

仙人指路势❿

乃看管之法。拗步直进直退，诸势可变。

滚牌势

此势随滚进以袭人之右，先进刀，后进牌，疾速如风为妙。

跃步势

此乃骑龙如探马，刀前牌后诱人来；转过牌来刀在后，低平坐下靠和挨。

低平势

此真正对敌势也。用推步须要带标一根，身在牌内，标步齐进，百发百中。

金鸡畔头势

畔头之势最为良，枪上头从牌下藏；进步如风人莫变[11]，刀铨牌闸为难当。

埋伏势

此势进步甚速，用小行或左或右。如有枪戳在牌，不能脱手，急用刀尖将牌借力顶开急进，绝妙。

（四）试牌

跳牌旧法，听锣声为度，覔牌如壁，闪牌如电，起伏得宜。翻身下露身，滚牌下露足。惟牌能杀敌，能蔽身，用之乃拒劲敌以卫兵也。

《大七[12]星牌歌》："覔牌砍刀，上步，再覔牌砍刀。背牌擎刀，绞丝步回，撒花盖顶，收了。出牌见刀翻身上，小跳翻身下；出牌鈒刀翻身上，小跳翻身下。"

《闪马牌歌》曰："鈒牌再鈒牌，砍一刀，复一刀，翻身上，小跳，翻身下。又砍一刀，又复一刀，又砍一刀，又复一刀，翻身上，小跳，翻身下。"

二、狼筅总说

狼筅之为器也，形体重滞，转移艰难，非若他技之出入便捷，似非利器也。殊不知为行伍之藩篱，一军之门户。如人之居室，未有门户扃键而盗贼能入者。虽然，得人而用之，则可以制人，不得其人，则制于人矣。干将、太阿之利，使童子而持于国门之外，则必有袒背而夺之者，何也？其所能乖其所使故也。

凡用狼筅，须要节密枝坚，杪加利刃。要择力大之人能以胜此者，勿为物之所使矣。夫❸然后以牌盾蔽其前，以长枪夹其左右，举动疾齐。必须叉钯大刀接翼。然筅能御而不能杀，非有诸色利器相资，鲜克有济。兵中所以必于用此者，缘士心临敌动怯，他器单薄，人胆摇夺，虽平日十分精习，便多张皇失措❹，忘其故态。惟筅则枝梢茂盛，遮蔽一身有馀，眼前可恃。足以壮胆助气，庶人敢站定。若精兵风雨之势，则此器为重赘之物矣。

中平势

此势前弓后箭，阴阳要转，两手要直，推步如风，天下莫敌。

骑龙势

闭门之法上骑龙，下闸高擎大有功。误若当前披一下，劝君眼快脚如风。

钩开势

钩法由来阻大门，小门挫下向前奔。若还他使低来势，闸挫凭君利便分。

架上势

枪打高来须用架，架时管上又管下。阴阳反覆脚如风，铁柱金刚也戳怕。

闸下势

闸势缘何要挈脚，挈脚乃是起步法。连身坐下向前冲，上面不着下面着。

拘步退势

直进直出君须记，站住即是中平势。高低左右任君行，切挫钩闸毋轻易。

校记

❶各本均无"狼筅"二字，据本篇内容补。
❷原本无此标题，点校者据文义拟补。
❸"干"，盾之别称，《方言》第九："盾，自关而东或谓之瞂，或谓之干。"学津本误为"千"，径改。
❹"木"，学津本误为"本"，据西谛本改正。
❺关于藤牌之制作，李承勋本言之较明白，录之如下："老粗藤如指，用之为骨，藤篾缠联，中心突向外，内空，庶箭入不及手腕也。周檐高出，虽矢至不能滑泄及人。"
❻原无标题，此标题为点校者拟加。
❼标题为点校者拟加。
❽"懒扎衣势"，学津本、庚寅本、朱本并作"开扎衣势"，李承勋本无标题，吴殳《纪效达辞》卷六作"起手势"，惟西谛本作"懒扎衣势"。按，《纪效新书》卷十四《拳经》第一势为"懒扎衣势"，该势为《拳经》三十二势之"出门架子"，亦即《牌势》八势之"起手势"，据此，并参照西谛本，定为"懒扎衣势"。
❾"动偏步上"，诸本皆同，惟吴殳《纪效达辞》卷六作"偏斜步上"，较诸本合理。不知吴氏另有所据，或己意所改，不敢轻从，录之以备参考。
❿学津本"仙"字前多一"此"字，诸本皆无，当为衍文，删。
⓫"人莫变"，诸本皆同，惟吴殳《纪效达辞》作"人莫测"，录之以备参考。

⑫"七",学津本误为"士",据西谛本、李承勋本改。
⑬"夫",学津本作"矣",误,据西谛本改正。
⑭"措",学津本作"错",据李承勋本改。

卷第十二

短兵长用说篇❶

夫叉钯、棍❷、偃月刀、钩镰,皆短兵也。何则?彼之枪一丈七八尺,我之器不过七八尺,若如浙江叉钯之法,俱手握在头下,其手外头柄通不及二尺长。一棍不过六七尺,又欲两头双使而两手握开,所剩棍头不过尺馀。彼之长枪闪闪而进,疾如流星,我就精熟,只能格得彼枪不中入我身耳。及其我欲进,则彼原进我叉内不深,一缩又复在外,我不得拨定彼枪使无反手,如何敢进?如此终日,我无胜理。

短兵利在速进,终难接长,持久即为所乘。必如总戎公俞虚江之法,则所执叉、棍、钩、钯皆有六七尺在外,彼若以长入我,必须进深五尺,被我一格打歪,即用棍内连打之法,下下着在长兵上,流水点戳而进,彼先进我五尺,我一进又有五尺,是得一丈之势矣。被我连打,势不得起,欲抽脱去,岂能便抽一丈?一入长兵之内,则惟我短兵纵横,长兵如赤手同矣。

藤牌腰刀本短中之短也,而必用标枪,亦即短兵长用之法也。夫藤牌用标,非取以杀人,盖彼以枪器持定我牌,无故不得进,故用标一掷,彼以顾标而动,我则乘势而入。彼若不为标所动,则必为标所伤,我亦有隙可入。短兵长用之法,千古奇秘,匪欺人也。

(以下录校总戎俞公《剑经》)

用棍如读《四书》,钩、刀、枪、钯如各习一经,《四书》既明,《六经》之理亦明矣。若能棍,则各利器之法从此得矣。

总诀歌

一

中直八刚十二柔,上剃下滚分左右;

打杀高低左右接，手动足进参互就。

二

刚在他力前，柔乘他力后，
彼忙我静待，知拍任君斗。

三

阴阳要转，两手要直。前脚要曲，
后脚要直。一打一揭，遍身着力。
步步进前，天下无敌。

习钯简步

十进：足如环无端。进一足中平当，大压。又进一足压死。又进一足小压。又进一足压死。又进一足高大当。又进一足大压死。又进一足高小当。又进一足小压死。又进一足高大当。又进一足大压死。

钯习步法

中平起，大斜压。他大飞天，我转角赶上压。他再大飞高，我小高直当，即小压下。他小飞高，我小高直当，即小压下。他再小飞高，我大高直当❸，即❹大压下过小。他抽直杀来，我再大压过小。他入我大上角，我用身力转角赶上，略收低。他再入我大上角，我转角对手直杀去，跳回一步。他打来，我伏回，即赶上大起一扫下，再跳回中拦止。大压小压已粘他杆，即大进上錾死他。

小直当　小斜压
大直当　大斜压

总诀歌

视不能如能，生疏莫临敌。
后手须用功，遍身俱著力。
动时把得固，一发未深入。
打剪急进錾，后发胜先实。

步步俱要进，时时俱取直。

更有阴阳诀，请君要熟识。

习步法

起中平　推牵　扁身杀　丁字回杀　旋手进五步杀❺　跳退三步原位直打直挑　进五步杀　腰刀挑打　滴水献花步杀❻　跳退三步原位进打　穿后手马前鸡啄进三步杀　马前斩草进三步杀　跳退原位　打沉让他先起穿后手　抽回　吊剪抽回❼　三脚并进五步　杀进　大门趁棍走　小门趁棍走　进直符杀　洗　倒头　直打　直起磕　打杀摆腰进三步❽　剪　杀　跳退原位

总步目

直破打剃大剪　小剪　揭用手力❾　上扁身　滴水献花　吊剪　下起接让高低俱有【❿大单鞭压　子午　阴阳　下起穿手上　喜鹊过枝　趁棍走　走马回头丁字步　大僻　鸡啄谷　高拦凶棍　直凿　闪腰剪　三脚峙　倒头　马前斩草　上捧凿　小剪下小起　小单鞭压就手凿　下扁身　二龙争珠　直符送书杀　齐眉杀后手高妙　顺势打盘山托　定四步行　固

侵他一尺如上拦杀状，直破打他棍打下作败状亦可，就进步侵四五尺小门一揭或流水小剪他起我揭，大进步对手凿，或再大进步倚他棍尾直剃下打他手或头，急变扁身中拦杀。

侵他一尺，直破打他棍，就进侵四五尺，小门一揭一小剪近他手一尺为妙，走脚过一大剪近他手五寸为妙，急变扁身中拦杀。

侵他三尺，直破打他棍。他过枝向小门来伤我，我急变滴水，大进步捧他棍。若他棍不起，我就小门进步若钩刀就将他割来扁身中拦凿结尾。若他棍起，我棍粘他，献花直破打落，急变二龙争珠，大门手兜杀。

侵他二尺，低打低揭，连几下。待他忙时，径进步】⓫大起棍从小门去打他手，不论中不中，须急退丁字回。他决进我小门来伤我，此时我一揭一进压，剃落打他手，决中矣。

侵他二尺，低打低揭，连几下，待他忙时，急退丁字一步，急大进步吊剪他手，急收回原势立。他进来打我，我就大门下起接他一大剪，急变扁身中拦杀。

两人小门对打对揭，须急变_{急变时勿使他揭着，揭着则不及矣}。大门下起接大剪_{或顺势打}，中拦杀。或于揭时即用小剪变大剪，中拦杀。

两人大门对打，不进前脚，不折后脚，不能胜_{须有顺势折脚，知是逃闪之法}。

两人大门齐对打，我且将棍提在高_{连脚抽回些些}。迟斯须进步压打下，即进变扁身中拦。若我打去，他棍提回让我，我须勿将棍尾打下，只进步对他胸喉直杀去。

我从大门顺用单鞭压深入，他用力来抵_{若迫近}，大剪我，离了子午。若迫近，我急抽就下面过小门，挂他手上一杀。他用小剪，我一揭一杀，或急抽过大门剪杀，或又过小门倒牵。若未迫近，即打下小门作败状。

我从大门顺入，他用力来抵大剪我，离了子午。我大进步，就小门急起滴水去捧他，如前第三段❶者。

我起流水渐进，他决来打我手。我将脚坐下，直对他手一捧，或杀，皆可。又，他来打我手，我从小门一揭接，或大门一起接，要在我右手前七八寸之间，与他棍尾相磕，一响为度。二门起，俱继以剪，急变扁身中拦杀。

两人大门对打，棍尾在地下，让他先起，穿他小门手上_{须两手捧高，使他打不下}。

两人大门对打，我让他先起，就揭他小门，用小剪变大剪_{即锐❸门錢杀}。若他小门来压我，急就下面过大门剪杀。

两人大门对打，他弱我用强，他强我弱让。两在高，让他先打下，我便进压；两在低，让他先提起，我便进接连打杀。李良钦❶师父每每用此二步。

喜鹊过枝有四：他直高打来，我将棍抽过大门，让他下，随用大剪，一也。他直高打来，我将棍抽过小门，让他下，对胸杀去，二也。他直平打来，我坐脚过枝，进步小门杀他，三也。他❶平直杀或打来，我打后脚即顺势大门剪杀，四也。以上过枝，俱在下面过，入他棍二尺即过。

治伏棍低棍，须用小剪，离他手前一尺之间。他急过大门，我或揭进打亦可_{飞风箭亦可}，急变大剪杀亦可_{又，我小剪他，他抽走，我急进步起高棍打，须在他手上小门}。

他打来临身，在小门则趁棍走一打，在大门则走马回头丁字步一打，顺棍上一杀，又一大剪，扁身中拦杀。

大门接凶棍有五：扁身中拦接，一也；高捧接，二也；下起磕，三也；我棍略横，离前手一尺，受他打一下，四也；待他打将到身，用手前一尺磕他一下，五也。各接后须急用大剪，继之以杀。

他鸡啄，我须起凶棍入剪他手前二尺之间，他连起，我连剪。我鸡啄，他起凶棍，我让他先起，穿他小门手上_{我接凶}❶_{棍步亦可}。

他直杀来，须进脚向小门剪，或向他棍尾小门起变大剪，或端的直破闪腰剪。凡剪后，须用❷进杀，都不如定四步坐直赶上。

凡小门一揭一打、一打又一揭，终无结尾。必须乘揭用小剪_{如铁门鐉过}大门结尾。或将身抽退，他打来，我就大门下起接剪他，杀结尾。

凡起手要打要杀，俱要在他门内一尺之间，未可将手势发尽。待他赶来伤我，他手势已尽，此时或大或小，或剪或揭，或自大下起接，各将他棍死了，然后进步扁身中拦结尾，无不胜也。法曰："后人发，先人至。"知此，决不可一发便要伤人，徒使自势发将尽，为他人反伤。戒之戒之。

棍初交则下起者有势，棍深入则上压者取赢。

我单鞭压，他变马前斩草，我且大进一步，硬用手力，他棍自输。

小剪是棍中至要，人所不疑者。

凡棍动时，须要把得极坚固，方有力。

凡大小门直破打，不分粘他棍不粘他棍，务对他手直起直落。任他揭打，或我揭打他，我棍亦不离他身五寸，即离亦须即直。

凡日间将棍一打一揭自习，打揭俱要自❸声，久则自有力。高不过目，低不过膝。

凡小门杀，须在他手上，方无后患，大门亦然。

三脚峙❹打须要习_{有大僻}。又，定四打要习。

彼抽退勿急追，彼急进勿遽离。

腰力为上，后❺手力次之，前手力又次之。

棍提起手阳，杀去及打去俱手阴，阴阳最要识透❻。

【❼他棍头略起，我不意，向大门二尺位坐脚，一破剪进杀。又或不意，用献花破进。

两人侵入之际，他滴水捧我，急用倒头。

我滴水入他小门，他用倒头，我坐后脚急杀去，认定他胸。

他大剪，我压他，他用滴水捧，我进步将棍取正挂他，然后倒头。

插他金枪，变坐脚杀。

他起高拦，若迫近，赶上对胸杀。

他起高拦，我径赶上迫他_{如杀状}打下，前五步大门接，随时用俱可，抽让亦可_{有抽让，有不抽让，须知之}。急折脚顺势剪一步更妙。

他小门打来，或低杀来，急折进前脚，横压他棍尾，然后二步折打他。

他闭大门，我折后脚，就下起径杀他大门_{略剪意}。他闭小门，我进前脚就下揭起，径凿他小门。

他起流水进，我后手略高牵就，进步杀，大小门皆然。

直符送书杀。我大门压，他坐身退，欲过枝小门，我就进前脚，对棍直杀去。须后手高，前手低，直符送书步用。

他起高棍，我略进入，待他落，大折过大门，打他半棍一下就进杀_{丁字回头亦可，须知有顺势}。不论他棍打落打不落_{我都是如此}。

两人揭打，我因手避之，顺侵打_{打时不可沉自棍}，不使他揭得。须后手出在前胁下去打，则他揭不得。

直符送书杀难揭打㉓。

用流水打他棍，他棍起，我就揭进剪打。

大门连打连揭，忙时，将棍变流水打他棍，他棍起，我就揭进剪打。

将棍出长，挂膝上，鸡啄打。

铁门鐍打慢慢进_{回头}，又如铁门势，大进步困打。

他尽手杀来，我径折进前脚，过大门对手杀去，不与他棍相粘。或折过小门，亦此法。

大门哄杀，他压我，我过小门假作败状，他决杀来，我一揭折进杀或打。

我初起高小门杀一尺，他进来，我即过大门高拦打下收，下拦杀上_{或再待亦可}。㉔】

凡小门杀来，待来将到手，丁字回一揭，折进杀则中矣。

下哄，待他剪，向上直符送书杀上。大门哄_{或打他手折脚}，伏下小门杀，或伏下待他来，一揭杀，更妙。

我将棍略高，略侵入，他来接，我即丁字步滚下杀。

他起高拦打，我折进大门，将他棍尾或半棍敲下，进齐眉杀_{须知有顺势}，敲时切不可沉自棍。

凡进杀，须急丁字回头退方稳。

大门高哄杀去四五尺，他来抵压，我回头牵进杀。小门亦然。

梗直大门哄杀去四五尺，待他来抵剪，就剪他大进杀。小门亦然须知有顺势，丁字回头亦可。

侵他三四尺低打低揭，连几下，待他忙时，大进趁棍进杀。

梗直哄杀去四五尺，任他打或揭，我就寻他虚处大进杀去。

凡他棍来，我避他抽退，我急随杀，极妙。不急则㉕不可去。

我大门高进入，丁字牵伏下，他赶来，我一牵揭进凿。

我打棍后继以杀，杀后大门即当采洗，洗而后杀小门，须小牵。

两棍相交，他抽回伏地开小门，我直捧慢慢指去，待他发杀，然后揭牵，或剪进杀他。

他直杀来，我直杀去，我将脚折过分分，将手反阴阳盖杀去莫非后发先至之意。

他将棍打下，丁字回头伏，我就移脚去就他棍尾，连打连揭使他忙，直进杀。

凡凶棍打来，我顺势敲一下，就扁身中拦兼大僻，连连叠革进去。破鸡啄亦是如此。

两人大门对打，连几下，待他忙时急抽回让吊，大进步打。

大门起高棍打，移步盘山托。

拏定直符送书，大小门托避他打。

直阳手杀去，阴手打压下，大门杀。临手待他剪过，小杀。

坐低闭四门。

将棍滚他一下，侵入，他自然提起，须再一敲，将他棍死尽，然后杀。须记得叠叠敲他。

初教滚手直入；次教大粗打揭，亦要直；后教轻牵顺势，待他临身二三寸之地，全用折脚。

又用闪退法，有跳退法㉖。前足先起，或齐起，要知采与牵不同。要在哄使虚乘之。

破直杀有七：一步闪腰㉗打，二步折脚，二步滚，二步流水。

我扁身入深，此时不顾性命了，只两目认他胸前，棍上空，急穿上，

棍下空，急穿下。㉘

他大过枝小，直符指去一步；他小过枝大，我亦直符指去一步。

凡直符杀，不碍他棍尾。

我过枝小门，用盘山托亦可，用直符步亦可。

大哄过小，待他来小压，急过大剪杀。盖哄多则容易也，剪而后杀则无后患也。中有顺势，须知之。

凡进杀，先软后硬，今后勿用打。

破高拦，务先顺牵后剪杀杀去待他落即转。要知顺牵与剪不同。

杀在小门，待他来，即过大门剪后杀，如小门先牵后杀之理，但须防他回头牵。他回头牵，我又过去小门。

又曰盘山托，大折过小。

直入打剪他，临手一杀，待他剪，然㉙后过小门容易。

对棍低入小门，一小揭小剪杀，或待变。

他叠打揭我，对打二步，对手杀大进。待他打下，大剪或杀。

我大入，他过小门，我就坐进前脚，就他棍中滚入，然后大打进杀。

他滴水，我对他手慢慢指去，待他动，即坐脚，剪下进凿。

小门有揭，亦有大揭，与献花不同。

他坐低，我正好折过小门打。

凡将棍直指，慢慢侵入，待他动，欲打我，我就杀他。他欲杀我，我就进打他手。

何尝叫人勿打？要哄他棍来就我打。若打他棍着，响一声，便可进杀。

何尝叫人勿杀？要哄他棍开杀去，勿使他打着，方可杀。深杀后在大门即洗，小门即揭牵。

但凡接高棍，须防他盘山托，就坐下小剪。

他大门单鞭坐脚，直滚入杀。我折进前脚，过大门直符杀他。

俯身揭，顺势剃，急接打，未如俱要习熟。

钯对刀，他入我四角。我四下不相粘，后手起高杀自思出，扁身中拦兼大僻丁字步要大僻。他起高，我就赶上剃扁身中拦杀，要后手高，平胸去。

他打来，我打去，他起我揭，务要小剃，又要叠叠押去，大亦然。手动时即下定四步，门户方密。

他打来，我打去，他起，我对手穿入小门，随将两手捧高，手动时即落定四步，寸寸打上。随他小门杀，小门压，大门杀，大门压。他起大高，赶上剃，要就杀或先接后杀。他起小高，赶上大接或揭小剃。

右此一步，乃棍中之正兵。不能离此以取胜者也，不能胜亦不能败。

打时须记得进杀，千万千万！

大门迫他压抵❸⓪，我抽下过小门如杀状，他决尽力来小压，急急抽过大门剪杀。此步极妙。

右此一步，高打来亦要如此哄，急翻剪杀，且铁牛入石。我揭起打下，他方揭起，我就抽他手边过大❸①剃打，亦可。

双人大门对打，他力雄，我急变丁字步打，用身压之，然后变。

他小门杀来急，我坐进前脚，就他棍中滚入，连剪二三下，然后杀。

把大门空，起勾下勾，步绝妙。又有下流水勾，不叉他。

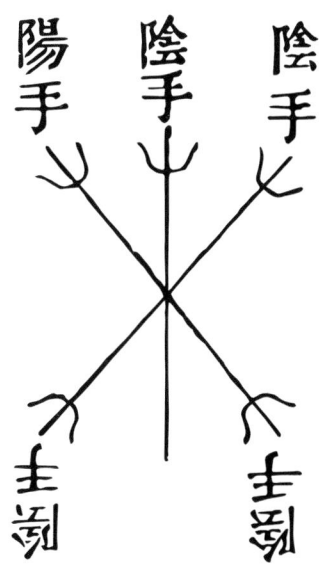

对手直起，对他身打落。如是走离大，并直赶❸②为上好。

他刀下来，我或大门流水勾迫，或小门流水，俱不叉他。刀如棍用，须继以对手大请起又起势时就手大门。流水去亦可。

大门扇出他刀尾，伏回。待他来，不拘他刀高下，俱对他身直起。他不来，若近或他刀不高，亦请得起。若不出他刀尾，就将刀压下，对面直起有闪身。

小门阳手扇下，阴手请起。凡请起如不着，即急对他身他刀扇下。大小门皆然。

他刀中拦直来，我直就上压下。中拦有拔步，有㉝顺势转角步，又有钯过他身，将他身勾来。

我出中拦钯，他直打下，我将钯抽大门起上压落。如我用棍步，须勿使他打着。

凡他起我亦起，他落我亦落，俱要随他。

凡叉起，他逆对，须顺他势或左或右送㉞落。凡下叉起亦然，须知步步进脚。

凡被他刀入角，即便坐退，后脚称起。

凡我伏回，他只中拦立不来，我就偷后脚进去，深扇入有哄。

他高拦打下，我就大门揭起，不用阴阳手，只直揭起，则我在上而彼在下矣。他若将棍如打下而不打下，当我揭起则彼下，则我输矣。总不外棍深入，在上者取赢。若我棍打沉了，他打来，我用别步皆不及，只直硬起妙。

将㉟棍坚把住，用身势棍头高慢慢侵入。他大门来，我大门接一下，只离一寸；他小门来，我小门接一下，只离一寸。待他何门死，我尽身入。

铁牛入石，我打去，他揭起，我将棍尾勿坠，就将棍尾倒抹㊱上一下，即大剪他手或即打他手。他打来，我揭起，即入杀他小门，极妙极妙。

凡接他大剪、鸡啄，妙皆如此。

直磕一声就杀去，不用拔剃，亦甚紧矣。惜无困死人棍之法，大抵㊲用拔剃为是。

凡左右门打来，俱用手前一尺改他棍尾；凡左右门杀来，俱用棍尾改他手前一尺。盖他打来势重，必须吾手前一尺方接揭得他住；他杀来手轻，又要过枝，必须用吾棍尾改他手前一尺。

学到上下、高低、硬软、直破打、上下接俱是一手法，方是有得。但直破顺势打是一套，去接是做二节去，初学未易语之。后手初曲后直，硬处须悟得，前手扼㊳须悟得。

我单鞭上，他过小门，若深入，即用直符送书杀；若他入浅，则不可，恐他揭起，只用赶上直打。凡杀来，大小门皆如此例。

凡过小门杀来，我就行过小门，就他棍尾对手直打下。若变过大门杀来，我就行过大门，就他棍尾对手直打下，妙妙！

总有三节：接高拦，一扼㊴磕、一拔，后手一尺剃，一进㊵杀。接低打来亦然。

直破对打，扼㊶磕带，抽后手剃相连，后进杀。

入中拦，只用一扼㊷磕带，略拔剃五寸一进杀。若未侵入，他棍未死，亦用拔，用手一尺剃下进杀。

踏过他小门进入，如前法，但自棍横势送进。上中拦皆然。

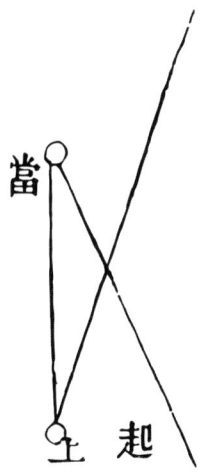

此"当"字，如曲中之拍位，妙不可言。故赞之曰："我扼㊸他傍，前手直当，后直加拔，有神在中。"学到此，一贯乎万矣。

千千万万步俱有拍位。

转阴阳不可太早，临时一下乃不费力，明之明之。折脚不如直入。

右李良钦之传，学到此，一贯乎万矣！

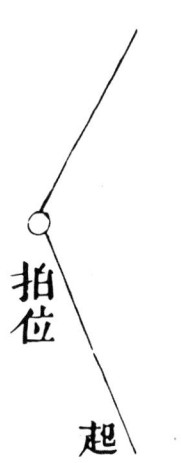

右刘邦协之传，中间有拍位，不用拔剃洗落，只撒手杀，则又紧矣，但无困死人棍之法。大抵前用拔剃为是，小门亦然。

右在偏头关时，得之教师林琰者，其诗曰："壮士执金枪，只用九寸长，日日打一转，好将见阎王。"

三教师原来合一家。

千言万语，不外乎"致人而不致于人"一句。李良钦之所以救得急者，都是前一下哄我去，然后转第二下来接救，故救得速，故能胜也。

不外乎"后人发，先人至"一句，不外乎"不打他先一下，只是打他第二一下。"

俱是顺人之势，借人之力，既要快便，又要似进实退，而后进则大胜矣。

俱要习上拦大小门剃，下拦大小门剃。下拦小门剃颇难，须用功习之。

两人大门对打，对拍，忽然变大僻凶猛打下，甚妙甚妙！两人对鸡啄亦如此变。

二龙争珠杀，就采下不用提起棍。此全是手法。前后手俱有法，正教师童琰父所谓【⑭"临时取之力"也，我扼⑮他傍，亦是临时取之力。须要悟他"临时取力"口诀。

但凡打敲采洗，俱用后手功夫，故棍不用提起高。今之欲用力打人者，惟恐棍起不高，打不重，盖只是有前手之力，无后手之功故耳。

伏回之枪，俱是哄我杀去，他即起弹杀我也，记之记之。

全书总要只是乘他"旧力略过，新力未发"八字耳，至妙至妙。此只是"我扭❶他傍"之秘旨。语到此，则不能复加一言矣。

凡此意味体认得真，亦有七日不食，弹琴咏歌之趣也。

滚剃后须再赶上，当剪死他棍，然后杀，记之记之。大小门皆然。滚，是他低平直杀来，我棍在高，遂坐下，量离了手前一尺，与他棍❶尾相遇，顺滚至他手杀他身。剃是他高打来或高杀来，或他虽把定未动，但棍尾高有十字，我用棍尾量一尺之处，与他棍尾或棍中相遇剃下。大小门皆有滚剃，顺至他手杀他身，此滚剃之不同也。下起磕弹，何以不滚剃？磕既响一声，恐他棍开或沉，无隙可乘故必❶打剪然后杀。

先侵二三尺一打，坐身沉棍头，他必进杀。我就下起磕一响，大进步打剪或丁字回打剪，然后扁身杀他。乔教师曰："弹枪则在下面横捧亦起磕之法。"但在下面横，则无不响之理矣。童教师曰："一声响处值千金，彼失堤防我便赢"是也。依乔教师之说，乃知伏回之枪，俱是哄我杀去，他即起弹杀我也。记之记之❶。

剪打急起磕、起磕复急剪打，剪打复急起磕，相连而进，彼从何处杀将来？微乎神哉，破金枪之第一法也。稳而能胜，习之习之。

他打下，我揭起，我哄他欲打下而实不打下，待他尽力揭起，力使过了，即赶将❶他棍剃下。

问："如何是顺人之势，借人之力？"曰："明破此，则得其至妙至妙之诀矣。盖须知他出力在何处，我不于此处与他斗力，姑且忍之。待他❶旧力略过，新力未发，然后乘之，所以顺人之势、借人之力也。上乘落，下乘起，俱有之，难尽书。钩、刀、枪、棍，千步万步，俱是乘人旧力略过，新力未发而急进压杀焉。"我想出"旧力略过，新力未发"八个字，妙之至也！妙之至也！前言拍位都是此理。

小门进对打，须斟酌用之。恐力大之人一挑打，我走难离矣。大抵小门只是哄他，不真打他或杀为稳。

与用左手人对，在小门须坐极低，在大门大折足过打❶。

他用极长软枪或竹枪，我须坐身将棍头提高，慢慢迫上，待他下面杀来，即变一拦粘定，用黄龙转尾步赶，万无一失。

学至于此，则身手足应心，全不扞格矣。学至于此，全不看见他是枪是刀，只认定对他手前杀他身而已。若他打来乱时，必须忍，略退回，坐足下中平。待少顷他来，即用磕手法进，自胜。总是以静待动，以逸待劳，道理微乎，道理微乎，李良钦每每如此。

大门大侵入磕，小门不可大侵入挑。大门大侵入磕，则彼必死无疑矣。小门若大侵入挑，恐彼力大挑不起，则难救矣。若挑起一响，然后大侵入打他，又俱妙。

他棍起，就进步直当去，不待他打落，低拦亦然。

大剪下，起手要直平不曲。

但凡先一下打他棍，他自然提起，再赶上直当。大僻中要有顺势。

剃后待他起，进步直当。

齐打下让他起，赶上直当如钯步。

小门更勿直凿，只哄他棍起，就过大门直当剃打。

两人对鸡啄，大进步赶入，对棍尾剃，又起进杀，待他起，直当去。

【他过我小门，我须将前脚入，将前手棍起，占了小门，大开大门，随他变不变俱剃打下。

曲腰将棍尾略压他，他棍起，就他大门下起直当去。】[53]

打忙时，须要认空处杀。

对手钻去，须在[54]他棍上。

打到中间忙时，须记得收下再起。

我打他接，我须不与他接着，只是埋下，引他打下我起接，则我为后发先至。

我打不与接着，即转小门挑起进打，亦是后发先至之理。

打[55]到中间，他打下，我接起，我勿打下，他决再起，即急再直当去，则他自败也。

我入被他打觉败，即急跳退，记之记之。

师父初假意杀来或打来，我或接着或挑着，决不宜贪心就进去伤他，待他动，我再或接或挑，进去伤他。

打、认棍打，咀、认棍咀，剃、认棍剃，入、认棍入，挑、认棍挑，凡举手俱要认他棍。若认人不认棍之说，是彼棍已败开了，只管认人坐去也。

寻枪头就死求赢。

将棍头低穿入他棍下，或左边一起一剃，或右边一起一剃。起要有响为度，总是一理。

咂是脚去手去，剃是脚去手回，顿㊾是脚去手去，剪是脚去手回。

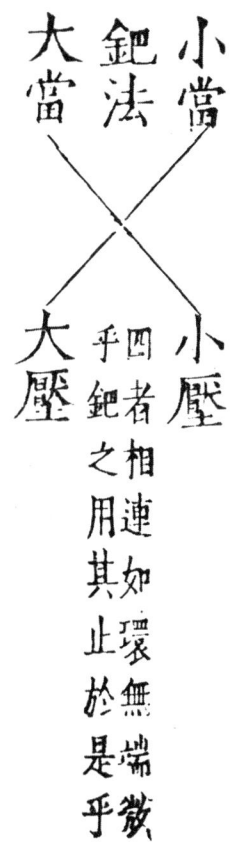

凡直当之后打下，不如进脚坐顿㊼下。打下则自势尽。他反当，我顿坐下则有有馀之势，如他再起，则再当之，大小门皆然。

凡钯遇软杀入，须照我原大扇赶为气势，容易服人。凡遇硬㊽，进步起角㊾入，须不离分寸。如今所制钯谱，入他为稳。

大门轻打他棍下，他用力来抵，即丁字步大进打，彼自屈矣。

大当大顿坐，小当小咂坐。他大压，我偷过小咂坐，他小压，我偷过大顿坐。千步万步，此段尽之。

今以后打步少，只是当死他棍，然㊿后凿他。

千言万语，总是哄他旧力过去，新力未发而乘之。

钯所以终对不得枪刀者，枪刀㊱有哄，钯哄不得人也。

响而后进,进而后响,分别明白,可以语技矣。

山东、河南各处教师,相传杨家枪法,其中阴阳虚实之理与我相同。其最妙是左右二门拿他枪手法,其不如是撒手杀去而脚步不进。今用彼之拿法,兼我之进步,将枪收短,连脚赶上,且勿杀他,只管定他枪,则无敌于天下矣。

向见总戎俞公,以棍示余,其妙处已备载《剑经》内,逐合注明,无容再赘。其最妙者只在一得手之后便一拿一戳,如转圆石于万仞之山,再无住歇。彼虽习艺胜我几倍,一失势便无再复之隙,虽有师家,一败永不可返矣。不惟棍法,虽长枪各色之器械,俱当依此法也。近以此法教长枪,收明效,极妙极妙。

以上《剑经》止。

对棍法十四势[62]

扁身中拦势

大当势

大顿势㊿

仙人捧盘势

大吊势

齐眉杀势

滴水势

直符送书势

走马回头势

上剃势

倒头势

下穿势

闪腰剪势

下接势

校记

❶戚氏《短兵长用说篇》，除篇首一节文字外，自"用棍如读《四书》"以下，全部照录俞大猷之《剑经》。俞氏《剑经》明代有单行本，见《千顷堂书目》著录，亦载于本人的文集，《正气堂集馀集》卷之四。我们所见到的《纪效新书》各家刊本，其《短兵长用说篇》都有不同程度的残缺，西谛本已有大段脱落，西谛本之后的刊本就更为严重了。李承勋本经过重新编次，自当又作别论。有鉴于此，我们在点校本篇时，主要使用了《正气堂集·剑经》，凡学津本残缺者，均用《正气堂集》补足之，如此，《短兵长用说篇》基本上恢复了原来面目。《正气堂集》的本子点校者所见到的只二种，其一是清道光二十一年（1841年）龙溪孙氏刊刻本，其二是1934年国学图书馆影印的明刊本。后者并非完帙，凡残缺处均以道光本补配。两本相比，仍以影印明刊本为佳，故我们选用了此本。

❷学津本"棍"下有"枪"字，西谛本、庚寅本皆同，颇疑戚氏原稿有误，非刊刻中出现衍文。按，枪为长兵，戚氏《长兵短用说篇》及本篇皆言之凿凿，无庸置辩，而李承勋本卷之四《手足篇》亦无"枪"字，当为戚氏晚年重订《纪效新书》时所删，故我们从李承勋本删去"枪"字。又，李承勋本本节所举短兵较学津本为多，录之如下，供读者参考。李本云："藤牌、腰刀、长刀、偃月刀、钯、棍、钩镰、鞭、简、挝、锤，皆短兵也。"

❸"直当"，学津本作"直"，今从《正气堂集·剑经》。

❹"即"，学津本作"即当"，今从《正气堂集·剑经》。

❺学津本"旋手进五步杀"断为两句，作"旋手""进五步杀"。今从《正气堂集·剑经》。

❻《正气堂集·剑经》漏"步"字，成"滴水献花　杀"，今从学津本。

❼"吊剪抽回"，学津本作"吊前抽回"，西谛本同此。今据《正气堂集·剑经》改。

❽"打杀摆腰进三步"，学津本在"打杀摆腰"处断，"进三步"属下一句。西谛本同此，今从《正气堂集·剑经》。

❾学津本误将"力"字断在下句，使下句成为"力上扁身"，今据《正气堂集·剑经》改。

⑩括号内的文字为学津本所脱落者。

⑪学津本自前面括号至此,共脱佚三百一十三字,今据《正气堂集·剑经》补。

⑫"段",学津本作"问",今据《正气堂集·剑经》改。

⑬"煅",《正气堂集·剑经》作"铁"。

⑭李良钦,学津本作"李钦",今从《正气堂集·剑经》。

⑮"他",学津本无,今从《正气堂集·剑经》。

⑯"凶",学津本误为"先",据《正气堂集·剑经》改。

⑰"用",学津本作"至",误,据《正气堂集·剑经》改。

⑱"自",学津本、西谛本均作"有",今从《正气堂集·剑经》。

⑲"三脚峙",学津本、朱本作"三脚时",误,今从《正气堂集·剑经》、西谛本。

⑳"后",学津本作"彼",今从《正气堂集·剑经》。

㉑"透",学津本夺"透"字,西谛本误为"诱",今从《正气堂集·剑经》补正。

㉒括号以下文字系学津本所脱落者。

㉓《正气堂集·剑经》无"打"字,据西谛本补。

㉔学津本自前面括号(他棍头略起)至此,凡脱去五百四十余字,西谛本虽不脱,但次序已乱,今据《正气堂集·剑经》录补。

㉕"则",学津本无,据《正气堂集·剑经》补。

㉖"有跳退法",学津本作"又有跳腿法","又"字衍,据《正气堂集·剑经》删。

㉗"闪腰",学津本作"闪要",据《正气堂集·剑经》、朱本改。

㉘"急穿下"之"下"字,《正气堂集·剑经》、西谛本、庚寅本等均作"上",惟学津本、朱本作"下"。以文义、棍势审之,用"下"为当,故从之。

㉙"然",学津本作"前",今从《正气堂集·剑经》。

㉚"抵",学津本作"低",今从《正气堂集·剑经》。

㉛"大",学津本作"人",今从《正气堂集·剑经》。

㉜"赶",学津本并西谛本等均作"是",今据《正气堂集·剑经》改之。

㉝“有”，学津本作“可”，今从《正气堂集·剑经》。

㉞“送”字，学津本脱，据《正气堂集·剑经》补。

㉟“将”字，学津本、朱本、西谛本作“把”，今从《正气堂集·剑经》。

㊱“抹”，学津本作“株”，今从《正气堂集·剑经》。

㊲“抵”，学津本作“低”，今从《正气堂集·剑经》。

㊳“扼”，学津本作“肌”，《正气堂集·剑经》作“朊”。

㊴“扼”，学津本作“肌”，《正气堂集·剑经》作“朊”。

㊵“进”，学津本作“只”，今从《正气堂集·剑经》。

㊶“扼”，学津本作“肌”，《正气堂集·剑经》作“朊”。

㊷“扼”，学津本作“肌”，《正气堂集·剑经》作“朊”。

㊸“扼”，学津本作“肌”，《正气堂集·剑经》作“朊”。

㊹括号以下文字，学津本、西谛本大部分佚去，少数残存条文也存在错简问题。无佚文，惟次序异。

㊺“扼”，学津本作“肌”，《正气堂集·剑经》作“朊”。

㊻“扼”，学津本作“肌”，《正气堂集·剑经》作“朊”。

㊼学津本自括号前“所谓”至下一个括号后“尾相遇”，凡脱落二百一十二字，今据《正气堂集·剑经》补。

㊽“必”，学津本误为“不”，据《正气堂集·剑经》改正。

㊾学津本在下段出现紊乱，下段从《正气堂集·剑经》。

㊿“将”，学津本无，今据《正气堂集·剑经》补。

(51)“他”，《正气堂集·剑经》作“其”。

(52)“打”，学津本、西谛本并误为“折”，据《正气堂集·剑经》改正。

(53)以上括号内两段，学津本、西谛本并脱落，今据《正气堂集·剑经》补。

(54)“在”，学津本无，今据《正气堂集·剑经》补。

(55)“打”，学津本误为“把”，据《正气堂集·剑经》改正。

(56)“顿”，学津本作“须”，今从《正气堂集·剑经》。

(57)学津本此图无交叉二线，今取《正气堂集·剑经》的图。

(58)“硬”，学津本作“破”，今从《正气堂集·剑经》。

(59)“角”，学津本作“用”，今从《正气堂集·剑经》。

⑩"然",学津本误作"前",据《正气堂集·剑经》改。
⑪"刀",学津本无,今据《正气堂集·剑经》补。
⑫各本均无标题,此为点校者拟定。李承勋本此在卷五《手足篇》,棍势顺序与十八卷本略有不同。
⑬李承勋本此势作"大剪势"。

卷第十三

射法篇❶

《列女传》❷云："怒气开弓，息气放箭。"盖怒气开弓，则力雄而引满；息气放箭，则心定而虑周。

量力调弓，量弓制矢，此为至要也。故荀子曰："弓矢不调，羿不能以必中。"❸孟子谓"羿之教人射，必至于彀，学者亦必至于彀，射家要法。"❹

持弓矢审固。审者，详审；固者，把持坚固也。

凡打袖，皆因把持不定。

凡矢摇而弱，皆因镞不上指也。法曰："镞不上指，必无中理；指不知镞，同于无目。"此"指"字，乃是左手中指末；知镞者，指末自知镞到，不假于目也。必指末知镞，然后为满，必箭箭皆知镞，方可言射。

审者，审于弓满矢发之际，今人多于大半矢之时审之，亦何益乎？

审者，今人皆以为审的而已，殊不知审的，第审中之一事耳。盖弓满之际，精神已竭，手足已虚，若卒然而发，则矢直不直、中不中，皆非由我心使之也。必加审之，使精神知易，手足安固，然后发矢，其不直不中为何？

射法中"审"字，与《大学》"虑而后能得""虑"字同。君子于至善，既知所止，而定、而静、而安矣。又必能虑焉，而后能得所止。君子于射箭，引满之馀，发矢之际，又必加审焉，而后中的可决。欲知"审"字工夫，合于"虑"字工夫玩味之，乃得。

大指压中指把弓，此至妙之古法也，决不可不从之。

马弓决要开至九分满，记之记之！若七八分，亦难中也。

马上射把箭，须以箭二枝，连弓把把定，又以一枝中弦挂为便。其有以箭插衣领内，或插腰间，俱不便，决要从吾言。

凡箭去，宁高而过的，慎勿低而不及也。此人人之病，记之记之。

场中射，须要业业恐不中，决不可有一毫自放之意，都如无监射各官在上，都如平日自射一般。慢慢一枝知镞，过一枝，一枝审，过一枝，如何不中？

凡中的之前，可取必者，皆自从容闲暇中能必之。未有忙忽而可取必者。忙忽而有中者，亦幸耳！

凡射至五矢之外，犹未中的，更要从容审决，不可因不中而自忙，若忙则六七八九矢更无中理也。

教骑射箭法曰："势如追风，目如流电。满开弓，急放箭。目勿瞬视，身勿倨坐。出弓如怀中吐月，平箭如弦上悬衡。"❺

步射箭法曰："箭者，杀人于百步之外者也。射者必量其弓，弓量其力。无动容作色，和其肢体，调其气息，一其心志。故口：'莫患弓软，服当自远，莫患力赢，引之自怃。'但力胜其弓，必先持满射之，先近而远，此不易之法也。大端，还要学扯满射远，及到，然后自近求准。非如一人自未开弓，便只射三二十步起也，如此一为所局，岂能远耶？"

凡射，或对贼对把，站定观把子或贼人，不许看扣。目稍瞬，则不及避而制于人，此眼法也。

凡射，前腿似橛，后腿似瘸，随箭改移，只在后脚。左肩❻尖直对右脚尖。丁字不成，八字不就，射右改左，射左改右。二句正中的之妙，此足法也。

凡射，前手如推泰山，后手如握虎尾。一拳主定，前后直正。慢开弓，紧放箭，射大存于小，射小加于大。存，压其前手。加，举其前手。务取水平。前手撤，后手绝。二句射之玄❼机。一撤一绝，正相应之妙。一齐着力，使两臂膊伸合，则箭疾而加于寻常数等矣。此手法也。

凡射，颐恶傍引，头恶却垂，胸恶前凸，背恶后偃。乃身之病，此身法也。

凡射法，箭摇头，乃是右手大食指扣弦太紧之故，其扣弦太紧之故，是无名小指松开之故。学射者有此病，射时用小草梢一寸，用无名指、小指共掐于手心，箭去而草不坠，即箭不摇摆矣。

凡对敌射箭，只是个胆大力定，势险节短，则无不中人，无人能避矣。此状形容不出，大端将弓扯起，且勿尽满，且勿轻发，只是四平架手立定，则势自险矣。必待将近数十步，约我一发，必能中敌，必能杀人至死，或患将切身，或为贼先锋，一中而收利十倍，则节自短矣。马上之贼，只当看大的射，不可射人，谚云："射人先射马，擒贼必擒头"是也。

凡马，须要平日适饲养，时调度，纵蹲、听令、进止，触物不惊，驰道不削,前两脚从耳下齐出,后两脚向前倍之,则疾且稳,而人可用器矣。故马者,人之命。胡马惯战,数倍中国,居常调度之功也。

实握射图

此法弓满左肱直如弦,而弓斜如月,前平奶头。

掌心推射图

此法弓满则肱之曲心对下,肘平如衡,而弓须兼八分平势。

校记

❶《射法篇》内容亦见俞大猷《正气堂集馀集》卷之四,此篇作者当为俞大猷。

❷"列女传",学津本、西谛本、朱本及李承勋本均作"烈女传",皆

误。唯庚寅本作"列女传",从之。《列女传》,西汉末刘向著。

❸ 此语出自《淮南子》卷十五《兵略训》,非荀子语。

❹ 见《孟子》卷十一下《告子章句上》。《孟子正义》记此句为:"羿之教人射,必志于彀,学者亦必志于彀。"

❺ 语出唐王琚《射经》。

❻ "左肩",学津本作"左眉","眉"乃"肩"之讹,据《三才图会·人事》七卷《射法图》改。

❼ "玄",学津本避讳作"元",今改回"玄"。

卷第十四

拳经捷要篇❶

此艺不甚预于兵，能有馀力，则亦武门所当习。但众之不能强者，亦听其所便耳。于是以此为诸篇之末，第十四。

拳法似无预于大战之技，然活动手足，惯勤肢体，此为初学入艺之门也。故存于后以备一家。

学拳要身法活便，手法便利，脚法轻固，进退得宜；腿可飞腾，而其妙也；颠番倒插❷，而其猛也；披劈横拳，而其快也；活捉朝天，而其柔也。知当斜闪。故择其拳之善者三十二势，势势相承。遇敌制胜，变化无穷。微妙莫测，窈焉冥焉，人不得而窥者谓之神。俗云："拳打不知。"是迅雷不及掩耳，所谓"不招不架，只是一下，犯了招架，就有十下"。博记广学，多算而胜。

古今拳家，宋太祖有三十二势长拳，又有六步拳，猴拳，囮拳，名势各有所称，而实大同小异。至今之温家七十二行拳，三十六合锁，二十四弃，探马，八闪翻，十二短，此亦善之善者也。吕红八下虽刚，未及绵张短打。山东李半天之腿，鹰爪王之拿，千跌张之跌，张伯敬之打，少林寺之棍，与青田棍法相兼，杨氏枪法与巴子拳棍，皆今之有名者。虽各有所长❸，然传有上而无下，有下而无上，就可取胜于人，此不过偏于一隅。若以各家拳法兼而习之，正如常山蛇阵法，击首则尾应，击尾则首应，击其身而首尾相应，此谓上下周全，无有不胜。

大抵拳、棍、刀、枪、叉、钯、剑、戟、弓矢、钩镰、挨牌之类，莫不先有拳法活动身手。其拳也，为武艺之源。今绘之以势，注之以诀，以启后学。既得艺，必试敌，切不可以胜负为愧为奇，当思何以胜之，何以败之，勉而久试。怯敌还是艺浅，善战必定艺精。古云："艺高人胆大。"信不诬矣。

余在舟山公署，得参戎刘草堂打拳，所谓"犯了招架，便是十下"之谓也，此最妙，即棍中之连打连戳一法❹。

懒扎衣出门架子,
变下势霎步单鞭。
对敌若无胆向先,
空自眼明手便。

金鸡独立颠起,
装腿横拳相兼,
抢背卧牛双倒,
遭着叫苦连天。

探马传自太祖，
诸势可降可变。
进攻退闪弱生强，
接短拳之至善。

拗单鞭黄花紧进，
披挑腿左右难防，
抢步上拳连劈揭，
沉香势推倒泰山。

七星拳手足相顾,
挨步逼上下堤笼❺。
饶君手快脚如风,
我自有搅冲劈重。

倒骑龙❻诈输佯走,
诱追入遂我回冲。
恁伊力猛硬来攻,
怎当我连珠炮动。

悬脚虚饵彼轻进,
二换腿决不饶轻。
赶上--掌满天星,
谁敢再来比并。

邱刘势左搬右掌,
劈来脚入步连心;
挪更拳法探马均,
打人一着命尽。

下插势专降快腿，
得进步搅靠无别。
钩脚锁臂不容离，
上惊下取一跌。

埋伏势窝弓待虎，
犯圈套寸步难移！
就机连发几腿，
他受打必定昏危。

抛架子抢步披挂,
补上腿那怕他识。
右横左采快如飞,
架一掌不知天地。

拈肘势防他弄腿,
我截短须认高低。
劈打推压要皆依,
切勿手脚忙急。

一霎步随机应变，
左右腿冲敌连珠。
恁伊势固手风雷，
怎当我闪惊巧取。

擒拿势封脚套子，
左右压一如四平。
直来拳逢我投活，
恁快腿不得通融。

中四平势实推固,
硬攻进快腿难来。
双手逼他单手,
短打以熟为乖。

伏虎势侧身弄腿,
但来凑我前撑,
看他立站不稳,
后扫一跌分明。

高四平身法活变，
左右短出入如飞。
逼敌人手足无措，
恁我便脚踢拳捶。

倒插势不与招架，
靠腿快讨他之赢。
背弓进步莫迟停，
打如谷声相应。

井栏四平直进,
剪膁踢膝当头。
滚穿劈靠抹一钩,
铁样将军也走。

鬼蹴脚抢人先着,
补前扫转上红拳。
背弓颠□披揭起❼,
穿心肘靠妙难传。

指当势是个丁法，
他难进我好向前。
踢膝滚躜上面，
急回步颠短红拳。

兽头势如牌挨进，
恁快脚遇我慌忙。
低惊高取他难防，
接短披红冲上。

神拳当面插下,
进步火焰攒心。
遇巧就拏就跌,
举手不得留情。

一条鞭横直披砍,
两进腿当面伤人。
不怕他力粗胆大,
我巧好打通神。

雀地龙下盘腿法，
前揭起后进红拳。
他退我虽颠补，
冲来短当休延。

朝阳手偏身防腿，
无缝锁⓫逼退豪英。
倒阵势弹他一脚，
好教师也丧声名⓬。

雁翅侧身挨进,
快腿走不留停。
追上穿庄一腿,
要加剪劈推红。

跨虎势挪移发脚,
要腿去不使他知。
左右跟扫一连施,
失手剪刀分易。

拗鸾肘出步颠剁,
搬下掌摘打其心。
拿鹰捉兔硬开弓,
手脚必须相应。

当头炮势冲人怕,
进步虎直攛两拳。
他退闪我又颠踹,
不跌倒他也忙然。

顺鸾肘靠身搬打,
滚快他难遮拦。
复外绞刷回拴肘,
搭一跌谁敢争前。

旗鼓势左右压进,
近他手横劈双行。
绞靠跌人人识得,
虎抱头要躲无门。

校记

❶《拳经捷要篇》凡收明代各家拳法三十二势，故世称"拳经三十二势"。但目前所见的各种清代刊本，包括学津讨原本，都缺了八势，只有二十四势。明刊本中三十二势齐全者，点校者所经见，只有西谛本，流落域外的隆庆本当为全本，但尚未寓目，不好臆断。除西谛本外，明嘉靖、万历间王圻、王思义父子所辑类书《三才图会·人事门》卷七中收有《拳经》三十二势全部，明季茅元仪的《武备志》卷九十一也收有三十二势全部。于是，我们至少可以用西谛本、三才图会本、武备志本三个本子来补苴学津本之缺略。但这三个本子在三十二势的排列顺序上略有差异，其中三才图会本与其他两个本子出入最大。细审之，可以看出其排列顺序与西谛本、武备志本和清代刊本刚好相反，可以推断，这是《三才图会》的编辑者所造成的舛乱，不当视为戚氏《拳经捷要篇》的原貌。此外，西谛本与武备志本也有不同处，主要是明以后佚失的八个势子的排列顺序不同。其不同之原因和孰是孰非的问题，不是校记所应讨论的，故存而不论，只表列于后，聊供读者参考。

鉴于学津本《拳经捷要篇》残缺不全，我们在三十二势的排列顺序上主要依据西谛本。经过仔细比对，又以为三才图会本的图形最为传神，当比较接近《纪效新书》祖本的风神，是故图形采用了三才图会本。《三才图会》使用北京大学图书馆藏明万历刻本，《武备志》使用华世出版社影印的明天启刻本。

附表：

四种书所记载的"拳经三十二势"

西谛本	武备志本	三才图会本	学津本
懒扎衣	懒扎衣	顺鸾肘	懒扎衣
金鸡独立	金鸡独立	旗鼓势	金鸡独立
探马	探马	拗鸾肘	探马
拗单鞭	拗单鞭	当头炮	拗单鞭
七星拳	七星拳	雁翅势	七星拳
倒骑龙	倒骑龙	跨虎势	倒骑龙

续表

西谛本	武备志本	三才图会本	学津本
悬脚虚饵	悬脚虚饵	雀地龙	悬脚虚饵
邱刘势	邱刘势	朝阳手	邱刘势
下插势	下插势	神拳	下插势
埋伏势	埋伏势	一条鞭	埋伏势
抛架子	抛架子	指当势	抛架子
拈肘势	拈肘势	兽头势	拈肘势
一霎步	一霎步	井栏四平	一霎步
擒拿势	擒拿势	鬼蹴脚	擒拿势
中四平势	井栏四平	高四平	中四平
伏虎势	鬼蹴脚	倒插势	伏虎势
高四平	指当势	中四平	缺
倒插势	兽头势	伏虎势	缺
井栏四平	中四平	一霎步	缺
鬼蹴脚	伏虎势	擒拿势	缺
指当势	高四平	抛架子	缺
兽头势	倒插势	拈肘势	缺
神拳	神拳	下插势	缺
一条鞭	一条鞭	埋伏势	缺
雀地龙	雀地龙	悬脚虚饵	雀地龙
朝阳手	朝阳手	丘刘势	朝阳手
雁翅势	雁翅势	七星拳	雁翅势
跨虎势	跨虎势	倒骑龙	跨虎势
拗鸾肘	拗鸾肘	探马	拗鸾肘
当头炮	当头炮	拗单鞭	当头炮
顺鸾肘	顺鸾肘	懒扎衣	顺鸾肘
旗鼓势	旗鼓势	金鸡独立	旗鼓势

❷"颠番倒插"，学津本、庚寅本、朱本并三才图会本均作"颠起倒插"，西谛本、武备志本作"颠番倒插"。"番"，当即"翻"之俗写字。今从西谛本、武备志本。

❸"虽各有所长"，学津本作"虽各有所取"，西谛本、三才图会本、武

备志本作"长",从之。

❹学津本脱落"连戳一法"四字,据西谛本补。

❺"堤笼",三才图会本及清代刊本多作"提笼",误,今据学津本、西谛本、武备志本、朱本改。

❻"倒骑龙",诸本皆作"到骑龙",唯朱本作"倒",从之。

❼诸本皆作"背弓颠披揭起",惟西谛本"颠"字下空一字似为避讳缺字。今照西谛本空一字,存疑待考。

❽"无缝锁",学津本误为"无缝销",据西谛本、三才图会本改。

❾"好教师也丧声名",学津本作"好教他师也丧身",庚寅本作"好教师也丧身",各本多有脱误。今据西谛本、武备志本改。

卷第十五

布城诸器图说篇

夫南方田水界地，雨湿不可用车。我兵卒然遇敌，缓急无家可依。贼皆洞见，知我无拒御之备，是敢尽力向我。一遇奔溃，全军退走。

其布城之法，不惟缓急可恃，且足张疑。使贼忽然举目，无中生有，眼前皆是遮映，造次便不得知我立此主何意，且不得便知我布里虚实。外既立有拒马蒺藜以为御，而复有布城遮映，至有误为真城者。缓急之间，便不敢轻易近我营垒。如果贼人瞭料其情，我已备之久矣。

鸟铳俱向城而伏。贼如来敌，必须先取去我蒺藜拒马。攻取之间，彼外不能视内，而我可由布城视外，便打铳、戳枪、射弩，无不便宜。一丝之限，足类金汤。如贼亦打铳，我则将各兵绵被，再搭一床于布城上，又可御铅子矣。

计法，每一队双立为鸳鸯阵，该平去第二小队一丈五尺。用布双层，高四尺，长一丈五尺。每五尺为一柱，共用柱四根，用布五幅，上用淡色画界砖石之形。

布城图

器具除《武经总要》图象之所有，人人可能者不备外，今将《武经总要》所无，及《武经》之所有而今不知用者，并开于后。

拒马图❶

右鼓架相似，三根一束。长五尺，径各一寸五分。上用屈铁头，下用铁钻。每一架立地二尺五寸，一小队相接该六架。随在取大木压其中。

蒺藜图❷

绳连，利于收起。

每一小尺一个，每一步六个为一绳，俱用绳串入蒺心中而出。每一小队前面下五层，共计十五根，俱牌上挂带以行。

牌法图❸

造牌、祀牌、符咒各有大例日期。

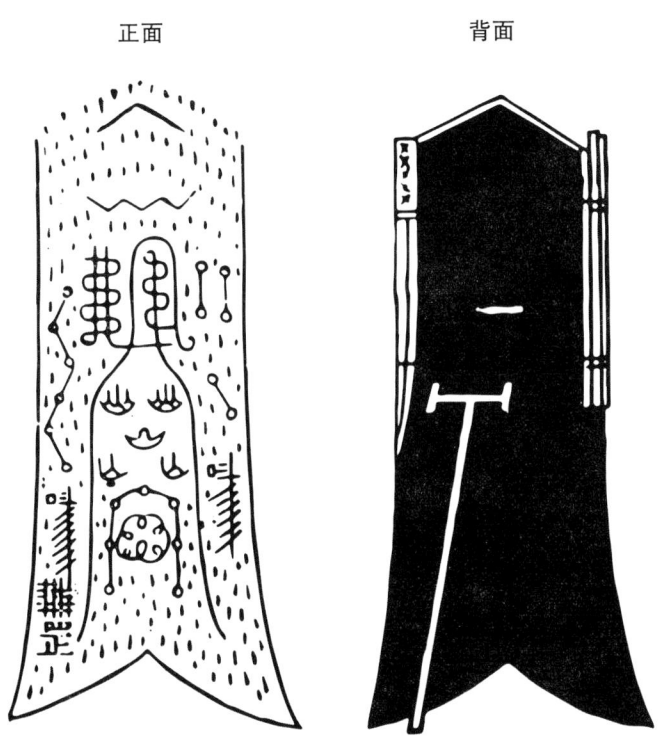

正面　　　　背面

此物有数法，或用皮瞒❹，或用轻木，而外加以竹，用钉者最利。急则掷之地下，可以当钉板阻险。

其符法，乃兵家厌昧之术，激我士心而疑敌者也，非真以此为恃，后人毋惑之而为所误。

凡兵所带绳串蒺藜，挂于此牌向外钉上以行，用时取下铺地。

圆藤牌虽为击杀之器，而不能立束部伍。凡赖之以束整部伍，齐进止，遮人众，壮士气，进如堵墙，退如风雨者，惟有此牌之功为大，为可用。奈只可以遮革❺刀枪，而不能隔铅子，尚俟天生豪杰之才更为之。

其法长五尺，横阔二尺。

软壁图❻

硬木作架，高七尺，阔六尺，以旧绵絮被挂上。架阵前堵铅弹。钉板可拦路。

软壁无他奇异，用人所盖绵被，覆于木格上耳。固一时从便之法，然不若所制刚柔牌，四五十步之外可以遮衔铅子，屡试无失。然近至三十步亦要打透。但铅子铳必是远放，定无一二十步可放之事。今开法于后，不立图者，秘之也。

其法以轻木为长桄，中用一档，牌身如木牌大。先用生牛皮，二层钉之。皮里用好蚕绵三斤，用布序为一袋，贴牛皮之里。用分水薄绵纸，每二张松松团为一球，挨行摆之。又用蚕绵五斤，序布袋一幅盖之，四边竹钉定固。通用灰漆四明。里面布处用油厚涂，使不入水。重可十五斤，计费五两以上。只苦于价重而官司不能办耳。

除此之外，或以铁为锋，或云用鹅毛、人发，或用密纸，或用皮漆，或用竹木而尖其脊。余曾极其智虑，博采万口之说，尽以制造之方。所费不知几百金，而竟皆不能遮衔铅子。未有胜此法者也。

刚柔牌式

第一生牛皮。乙层内用好大蚕绵布纳一层⑦	第三，薄桑皮纸球一层，密摆相挨。	第四层，好蚕绵纳布一层，盖裹。

以上通用灰布漆油，最忌水入，坐卧结实。

衔枚

竹签四寸长，五分阔，上书"队甲兵勇亲临官押"。油饰挂颈。静炮响，各衔枚肃静。代圆枚而用，更可查考。

后面：某官　押写衔枚号令

鬼箭

铁蒺藜，粪汁炒，染毒药戳脚，曰"鬼箭"。撒❸地以为阻路守险之用。

人撒竹筒形

此筒用猫竹，去皮，庶不裂。长一尺，上用木盖，下用原节为底。贮蒺藜悬之于腰，用时手提撒之，下地均匀，且速而不结。除此皆乖，插蒺藜不利用矣。

飘石

用一握竹，长五尺。绳系头作兜贮石，摇势一掷而去。守城宜用。以绳系圈括，出上打去，石发圈落。

夜伏耕戈

弩❾机用浮轻。箭染草乌毒药，以线引系桩于三十步横路而下，堆草藏形。触线而机发，箭必中❿，恐害自人，须阻所行要路。

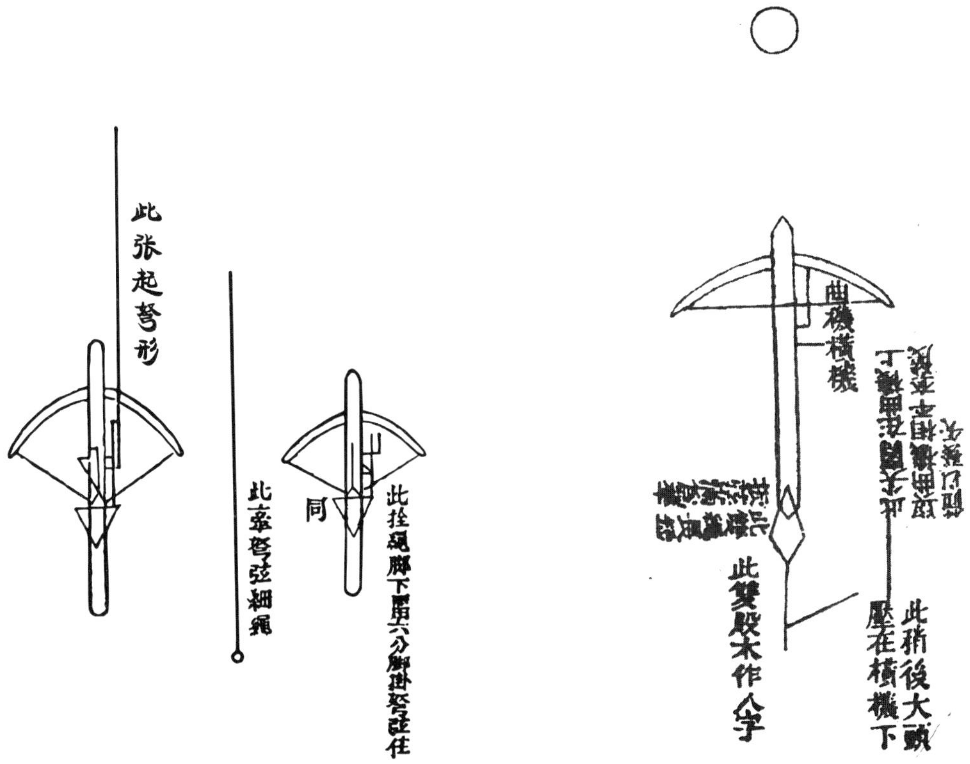

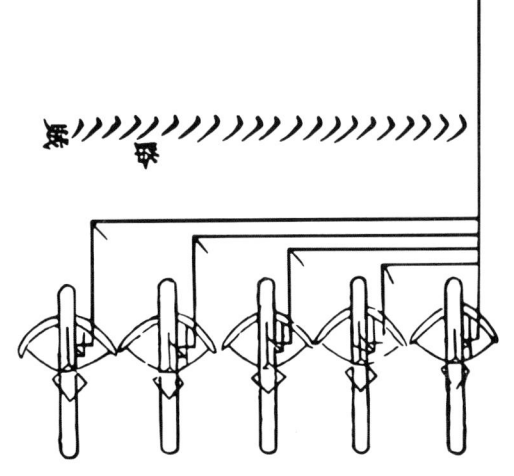

近来，贼用长竹先打而行，则机发于人足之先，弩又无用。今当多用，如百弩连成数丈，其机只在向我处弩尽头下之。俟彼走进逾弩将尽处，就长竿先发其机，则不能退出数丈矣。又当分作三四个机，渠能打发其一机，即谓尽发矣，而不意又有未发之机也，尤妙。若三五弩而摆丈馀地，则无用，且未必矢矢俱准着人身，恰得正好也。

木城

用大小木为。每扇阔五尺，高堞五尺。滚木二道，赘大竹钉浮于拴上。约可二人负之而行，轻重适均。在城上则立在垛口防夜袭登，在兵中可肩而下营，立成营盘。

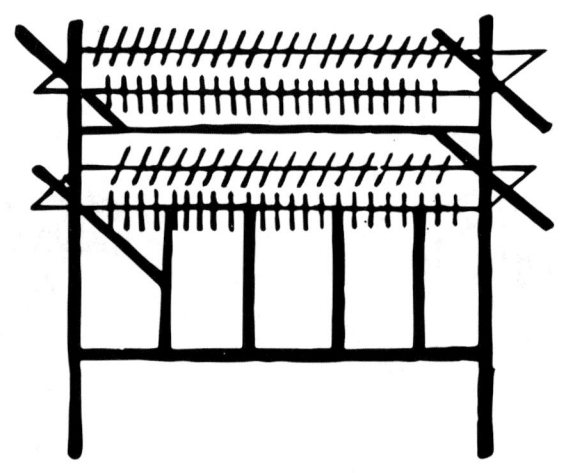

放鸟铳法式

放铳之法，先将药预装各小竹桶内。约铳口可❶容几钱铅子一枚，即每桶装药几钱。药多则铅化，药少则子无力。先装药入铳，用搠杖送实，方下铅子一枚，又搠杖送下。至药际，将火门取开，用另装细火药倾入鸟铳火门内，向上振摇。药入线门，将火门闭之。以火绳安入龙头。前手托铳架中腰，后手开火门，即拿铳架后尾。人面托❷架尾之上，用一只眼看，后照星对前照星，前照星对所打之人。用右手大食指拨鬼向后，鬼入龙头，落在火门，药燃铳响。

鸟铳之中准，在于腹长而直。火药之不夺手，在于前手拿在铳腹。照放之直，在于两手俱托执铳身而无点火之误。铅子之利，在于合药之方。其神机铳用木马，繁而多误，势难再发。边铳手执后尾，其重在前，一手点火,眼不能照。皆不及此铳之妙而速也。

制合鸟铳药方

硝一两　磺一钱四分　柳炭一钱八分

通共硝四十两,磺五两六钱,柳炭七两二钱。用水三钟,舂得绝细为妙。

秘法,先将硝、磺、炭各研为末,照数兑合一处,用水二碗,下在木臼❸,木杵舂之。不用石舂者,恐有火也。每一臼舂可万杵。若舂干加水一碗,又舂,以细为度。舂之半干,取日晒,打碎成豆粒大块。此药之妙只多舂数万杵也,大端如制合好墨法相类。若添水舂至十数次者,则将一撮堆于纸上,用火燃之,药去而纸不伤,如此者不敢入铳矣。只将人手心擎药二钱,燃之而手心不热,即可入铳。但燃过有黑星白点,与手心中烧热者,即不佳。又当再加水舂之,如式而止。

鸟铳后门形

鸟铳分入之图

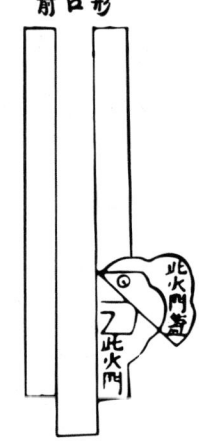

铳架形

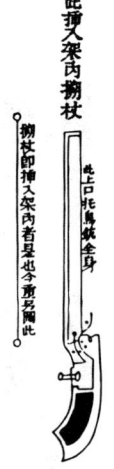

鸟铳龙头式

架内搬鬼形　其鬼所勾画不出

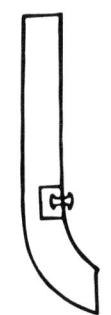

侧立外形

侧立里面鬼撑形

造鸟铳之法。后门有螺丝转者，此铳腹长，放过后，内常作湿，二三日要洗一次。用搠杖展水布一方，醮水入洗之。如铅子在内，或克火门等项，取开后门丝转，以便修整，最为易便。

行营之内，鸟铳虽速准而力小，难御大队，难守险阻，难张威武。佛狼机又太重，难于扛随。今以臆创一器，名为"赛贡铳"，既无下木马延迟之艰，又不坐后。其铅子犹胜佛狼机之大，其声势可比发贡，其速即可比鸟铳。每五百人之中，用以五六门，以备守路截险，甚妙。

铳式

铳长三小尺，内口约容半斤铅子。药在粗腹，不可过，铅子送至腹口方好。即如此，平卧地下，随其远近加垫头高，并不用木马等类。此器之利者，亦以项长而铅子合口故也。

送子形

后有连子铳、铳枪，皆繁巧，放铳时多误，难以屡中无虞。聊亦载之，以备兵家之一法也。

连子铳式 因《武经总要》所无，故图出。

铳如鸟铳，但药尽处用一孔[13]，上安一铁筒，入铅子数枚。门定口一个，铳放去一个，子又落入。

铳内装药式

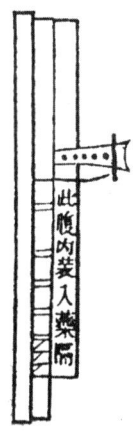

其法以药装入一节，节以厚褙纸钱一个，中穿药线一寸，送入铳内；又装一个，药入筑实，又间以穿药线、纸钱。如此装至铅子铁管止。

子母炮

此用惊营。或夜间远远放入贼垒，少停于贼垒中铳发。无制之兵，乌合之众，夺气之寇，势必惊惶，我得乘之。此器最妙。

装放子母炮法

子炮信妙在此总形 内为刻木，信以药线缠之，外用构纸卷紧合口。

此炮用木信，雕成螺丝转形为渠，以药线随渠缠。足下露线一节，在底上露出。信之上用褙纸，信外卷紧，与子铳口合。乃将好药入瓶八分，将信送入口，即将瓶覆向下，摇摇按入其信。若仰瓶装信，则信底有药，放时药催信出，而瓶不破响。惟覆装其信，则将信务入到底，庶底下无药。药在周围，信线燃入，药乃炸❺破子瓶。其放时，先用木马将大铳装毕，以瓶入上大口。先点瓶线，燃入木信不见，即点母炮线打去。若瓶线点早，母线太长，则瓶不出口而响矣。若点瓶线太迟，未及燃入打去，则闪风而灭矣。又有一法，共拴一线，居中点火。终是不齐，还是两点为妙。

佛狼机式

此乃天下通有利器，今所以重图者，旧制之未尽精微也。其妙处要母铳管长，长则直而利远。子铳在腹中，要两口对合则火气不泄。子铳后方用半笋转入者，每放时，多击出子铳数丈伤人，必用铁闩者佳。其妙处，在今添出前后二照星。后柄稍从低，庶不碍托面以目照对。其准在放铳之人，用一目眇看，后照星孔中对前照星，前照星孔中对所打之物。又子铳内用木马，后下铅子。苟子马俱大则难出，出则力大要坐后，而人力不能架之。若子小，则出口松而无力，歪斜难准。今法止用铅子，预将铅子照子铳合口微大一分制就。用时入药之后，即以子下口用凹心铁送杆打下入口一寸，即入母铳放之。

此法既省下木马烦难之功，又出口最易。而且铅子合母铳之口，紧激直利，便速成功。凡铸铳之法，子铳口大则子难出，要破母铳。母铳口大而子铳口小，则出子无力且歪。务要子母二铳之口，圆径分毫不差，乃为精器也。切记切记。

火箭❿

夫火箭亦水陆利器，其功不在鸟铳下。但造者无法，放者无法，人鲜知此器之利也。

大端造法有二，或造成用钻钻线眼，或用铁杆打成自然线眼。但钻者不如打成者妙，钻易而打成费手，故匠人多不肯用打成之法。其肯綮全系于线眼。眼正则出之直，不正则出必斜，眼太深则后门泄火，眼太浅则出而无力，定要落地。每个以五寸长言之，眼须四寸深。杆要直，而去颈二寸，称平。翎要劲，羽长而高。梢筒用矾纸间以油纸，庶❼不走硝，可留二年。此物最不耐久故也。

自然，打成线眼式

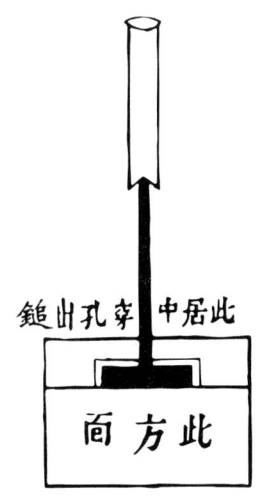

箭头式

中脊要厚，两刃要长而利为佳。头上缚虎药至妙。

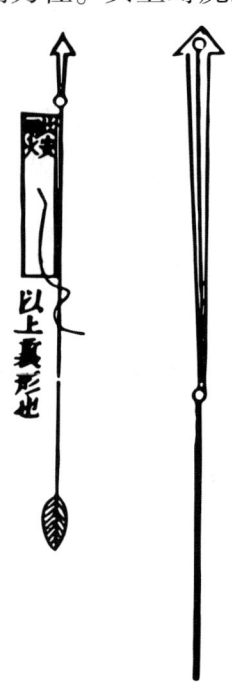

炮法

《武经》虽载而独行炮单架者甚明，鲜有人能悟之。故重开明其势，此为守城第一器也。既省火药之费，又有不乏之资。

每绳长如梢之体，不必拘定若干条，但能举其梢可矣。每绳用二人扯之。

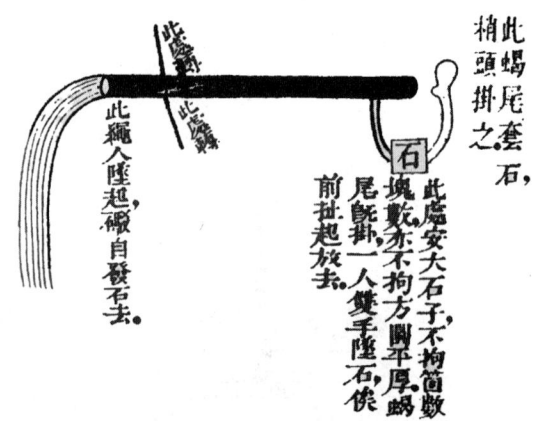

炮石用人车起打去形

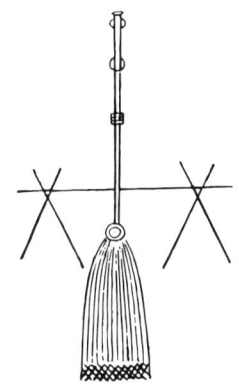

校记

❶原无"图"字,点校者拟补。
❷原无"图"字,点校者拟补。
❸原无"图"字,点校者拟补。
❹"皮瞒",学津本作"皮鞭",误,据西谛本、庚寅本、朱本改。
❺"遮革",学津本作"遮隔",今从西谛本、庚寅本、朱本。
❻原无"图"字,点校者拟补。
❼"一",诸本皆作"乙",唯四库全书文渊阁本作"一"。"一"字于文义更妥,故改"乙"为"一"。
❽"撒",学津本作"散",据庚寅本、朱本改。
❾"弩",学津本误作"弩",径改。
❿"箭必中",学津本脱"必"字,据西谛本补。
⓫"可",学津本误为"一",据西谛本、庚寅本、朱本改。
⓬"托",学津本作"妥",别本亦作"妥"。本卷之末言佛狼机之妙用时,有"后柄稍从低,庶不碍托面以目照合"句,可证此处"妥"字乃"托"之误,故改。
⓭"臼",学津本作"柏",用"臼"为当,径改。
⓮"孔",学津本作"吼",误,据庚寅本改。
⓯"炸",学津本误作"作",据庚寅本改。
⓰"火箭",学津本无,点校者拟补。
⓱"庶",学津本作"夏",据朱本改。

卷第十六

旌旗金鼓图说篇

名将所先，旗鼓而已。近见东南，人不知兵，旗无法制，率如儿戏。或轻难视远，或重难执驰。方色混杂，不可辨认。而临阵分合，更与旗无干，听兵用手逼唇为哨声，却以旌旗为摆队之具，金鼓为饮宴之文。至有大将名胄，而亦乌合纵横，一听兵士纷沓，一队数色，一阵数令，以胜负付之自然，以进退付之无可奈何。吁，可胜叹哉！予故不得已而绘此繁❶文，以取讥罪。亮之亮之！

清道旗❷

右清道二旗，军行持众之前，以清途路。操习则遇掌号笛，执在马路，引官、哨、队回营。旗杆长八尺，仍领送官、哨、队回营。旗杆长八尺，用木葫芦或葫芦上加以枪头亦可。方四尺，蓝色，边用红色。

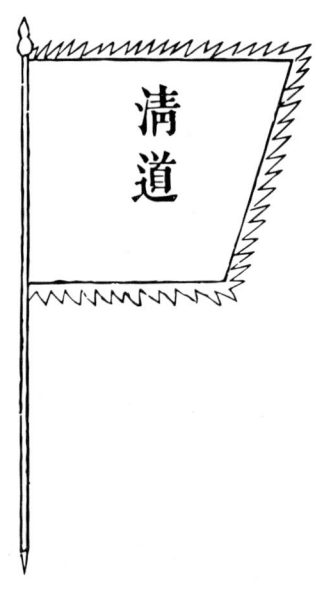

金鼓旗四面

此用以引金鼓。杆高一丈二尺,缨头、雉尾、珠络,旗素黄色,方七尺。黑布字,大二尺。

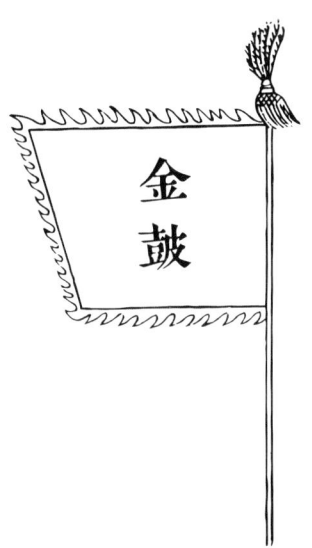

飞虎旗

此立辕门摆营。五方各照方色。杆高一丈三尺,旗方七尺,边用黄色。门旗,五方各二面。

豹尾旗二面

右旗所立之处，再不容一人擅闯出入。非有主将号令、旗箭召放，擅入者，不问官员大小人等，军法阻拿。【此其根也。兵法曰："无天于上，无地于下。""将在军，君命有所不受。"决期赴表，以戮后至，慎之重之。】❸

杆用坚木，长九尺。头用利刃，旗用绢裁，折曲画豹尾形。阔幅，双折，长七尺。

【五】❹方形旗五面

以四面四方立表，杆高一丈五尺，【缨头珠络，旗色照方向。边以生旗之色配之，不可犯本旗之色。旗心方五尺】❺兵之所视，以为坐起进止、左右前后周旋者也。

【《礼记》所谓五方旗神，所谓左青龙、右白虎、前朱雀、后玄武、中腾蛇。慈湖王氏曰："龙虎鸟蛇，本乎旗名。"此之谓也。】❻

中央黄旗

中央黄陵五炁，戊己丑辰未戌，其神蛇，其色黄。旗心方五色。黄色，边红，火以生土也。不可用蓝为边，犯木克土。

东方蓝旗

东方清陵九炁，甲乙寅卯木，其神青龙，其色蓝。旗心蓝，边黑，为水生木。不可用白，犯金克木。

南方红旗

南方丹陵三炁,丙丁巳午火,其神朱雀,其色红。旗心红,边蓝,为木生火。不可用黑,为水克火。

西方白旗

西方皎陵五炁,庚辛申酉金,其神白虎,其色白。旗心白,边黄,为土生金。不可用红,犯火克金。

北方皂旗

北方玄❸陵七炁,壬癸亥子水,其神玄❾武,其色皂。旗心黑,边白,为金生水。不可用黄,犯土克水。

五方神旗五面

此与前大五方旗同用。各照方色彩画,边用生旗之色,不可与本旗色相犯。除边,方五尺,杆高一丈五尺,缨头珠络。

东方温元帅

南方关元帅

中央王灵官

西方马元帅

北方赵元帅❿

五方转光旗五面

各照方为色。此用在将台上,行则随主将,以为外表五方之应。外表视此为进止立伏。杆高一丈五尺,边与旗幅同色。用狭绢二幅,长四尺,阔三尺,带用五色,自下相生而上,长旗身有半,旗头用雉尾缨络。

五行旗

金木水火土五面,各照五行之色。此乃出征之旗,代转光旗之用也。杆用长枪杆,旗照字色,边同本旗之色,庶纯而可远瞭。方五尺,不用彩画。黑旗上用白绢为字,馀皆黑字。旗头用枪头,以便出征轻洁色纯,不混众目。

五方高照五面

各照五方之色,幅尾则用生气之色,与大旗之边同意。

此该二副,共十面,昼则示奇兵及子营中军亲兵;夜则看灯笼,以代五方之用。杆用好坚竹,去皮,红漆,长一丈六尺。头用小枪头,金木胡卢顶,铁梁,务在轻便。照方色,全幅绢,长一丈二尺。灯用照方色薄油纸。

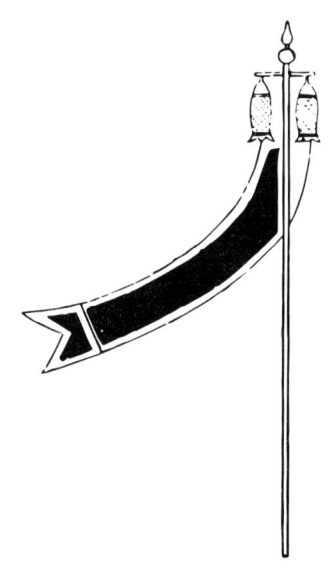

中军坐纛⓫

此不可用于行阵,重大也。杆高一丈六尺,旗大一丈,黑绿缎为之,白绫为边,缨头饰以珠络,极其华丽。

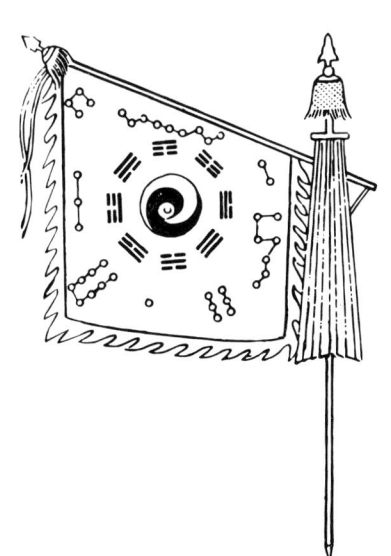

二十八宿号带

此带四方各门方色并中央黄素带,俱凭坐纛上以为四方之生,但可操而不可用于临阵,以其大而重也。杆无灯,坐纛上用铁十字架以悬之。

东方角、亢、氐、房、心、尾、箕,演禽真形。

北方斗、牛、女、虚、危、室、壁,演禽真形。

西方奎、娄、胃、昴、毕、觜、参，演禽真形。

南方井、鬼、柳、星、张、翼、轸，演禽真形。

此主将号旗

颜色随方，不预设以泄机。杆用长枪，旗方二大尺。

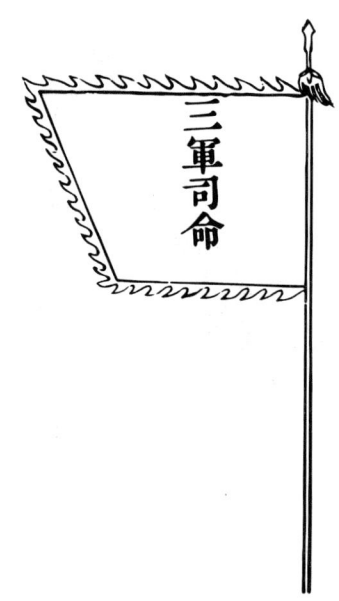

二十八宿真形旗各一面

此后二十八宿形旗，凡出军，立方向八门，使兵由之而出则用。又，凡遇出兵之日所轮胜宿，即以此旗领军。杆长一丈六尺，顶用缨络雉尾，边幅之色俱同各照方向。方可六尺。

角木蛟　主将黄公政　李　真

亢金龙　王　常[12]

氐土貉　兵　武

房日兔　封　军

心月狐　赵　隆

尾火虎　周　云

箕水豹　文　相

斗木豸　　主将欧阳希节　　郭　海

牛金牛　　胡　英

女土蝠　何　佑

虚日鼠　危　车

危月燕　田立危

室火猪　荷　元

壁水貐　龙　王

奎木狼　主将王珣忠　谢　月

娄金狗　唐　文

胃土雉　伍　交

昂日鸡　郑　昌

毕月乌　陈　旺

觜火猴　薛　太[13]

参水猿　宋　真

井木犴　　主将林文镇　　徐　贯

鬼金羊　　槐　童

柳土獐　张　本

星日马　周　贵

张月鹿　董　午

翼火蛇　吉　善

軫水蚓　吕　凤

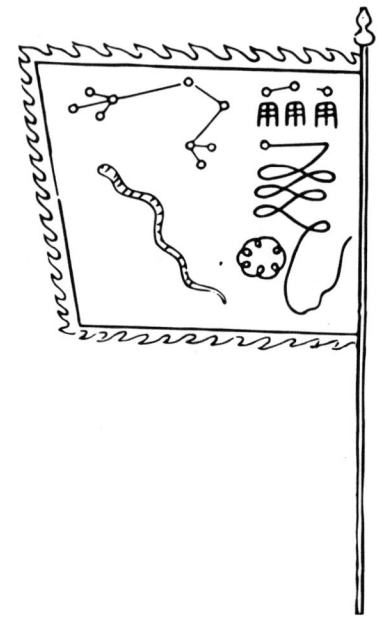

六丁神旗六面[14]

此后六丁六甲旗十二面[15]用法与二十八宿旗俱同。此旗色照方向，边同大旗之色。杆长一丈三尺，旗方五尺，顶用缨头雉尾珠络。

丁卯神将

丁巳神将

丁未神将

丁酉神将

丁亥神将

丁丑神将

六甲神旗六面
甲子神将

甲戌神将

甲申神将

甲午神将

甲辰神将

甲寅神将

角旗八面，高大俱同五方旗，用木红葫芦头。

云枪头行则夹五方神旗，但矮于五方一尺。其色则：

东南上半幅蓝，下半幅红。南东反是。

东北上半幅蓝，下半幅黑。北东反是。

西北上半幅白，下半幅黑。北西反是。

西南上半幅白，下半幅红。南西反是。

花焰边随本旗之色，上下各一半。

八卦正旗：

高大式杆，俱照五方真形旗，上用金木葫芦头。各以八卦方向为色，四正方者色纯，四奇方者照角旗各得一半。上画本方之卦于旗之中央。

校记

❶"繁"，学津本误作"烦"，据庚寅本改。

❷"清道旗"：学津本无"清道旗"三字，点校者拟补。

❸"此其根也"至"慎之重之"三十六字诸清刊本皆佚去。据西谛本补。

❹"五",学津本脱去,据西谛本补。

❺学津本佚去"缨头珠络"以下至"旗心方五尺"二十九字,据西谛本补入。又"以四面四方立表","杆高一丈五尺",学津本作"杆各高一丈五尺,以四面四方立表"。仍从西谛本。

❻"礼记"以下四十二字,学津本及诸清刊本皆脱去,据西谛本补。

❼"中央黄旗"及后几节的"东方蓝旗""南方红旗""西方白旗""北方皂旗"五旗名,为点校者据前文义增。

❽❾"玄",学津本作"元",西谛本作"玄",今改为玄。

❿"元帅",学津本作"元坛",此处据文义改为"元帅"。

⓫学津本"中军坐纛"旗中之八卦方位有误。据庚寅本,上为离卦,其符号"☲",左下为艮卦,其符号"☶",此从改。

⓬"王常",学津本作"常",西谛本、庚寅本皆作"王常",朱本作"王季常",今从西谛本、庚寅本。

⓭"薛太",西谛本、庚寅本并作"霹太",存疑。

⓮"面",学津本脱去,据西谛本、庚寅本、朱本补。

⓯"十二面",学津本误作"十三面",据庚寅本、朱本改。

卷第十七

守哨篇

守是攻之策。自古名将，必先斥堠。但此三事，用于❶卫所之行移，非教战士之技。不能编次诸篇之间，故为附卷。

为军务事：照得卫所烽堠，为边防第一要务，近来该管陆路官员，多不晓此。每遇考选是任，便为闲散之局，甚至废弃职守，或台堠不修，或器械不整；如军士偷安，略无惩究。寇犯地方，则烽火之号不传；船只在海，则声息之警不报。万一失事，甘受参提。殊不知"惩沸汤者吹冷齑，伤弓之鸟惊曲木"，自能省此，便当寒心。岂可玩岁愒日，甘蹈如前。

及查松门、桃渚卫所，原设烽堠，有远在外海而军士藉此偷安，如狮子、望火楼等处是也；有置于内地，而遇警瞭望不及，若盘马、乌沙浦等堠是也。已曾旧有行令堠军，于近海去处，照依渔户搭盖缯架一般，上则用草苫为一厂，各置守瞭器具。每堠每日轮军三名，遇有贼船出没，昼则车大白旗一面，夜则放炮起火。在堠军馀接警传报。如在外海远堠，每每密切差人查阅❷。

彼❸时地方广阔，未经核实，而奉行者十无一二。即今风汛正临，海洋贼船叵测。内地安危，居民趋避，兵机预备，城池警守，均当责在一堠之司。一堠失报，则地方贻害万万矣。

为今之计，除行取各卫所管堠官军前来，本职面授烽火方略、形式号令，使各遵守外，所有条列报警事宜，拟合申饬通行。为此牌仰本官照牌事理，即将后开条约事件备录，每墩一本，付军读诵背熟。其条内事宜，平日务各件件备完停当，随坏随用者，随补随完。遇有警迹，务要依后条款举放传报。敢有一件不完，一军不到，查问得出，定照军法连坐，决不轻贷。

先将各堠旗军备完件数，该管官具结缴来，查考以凭。或时委官，或本职自坐小网船，沿途暗往亲验。其给过牌内条款，陆路官先行读背痛熟，面教各墩军各各❹读诵背记痛熟。限一月外，以凭本职调来或到墩考背。生一句，打一棍，不恕。

今开

墩堠该备什物

每墩立五人。睡住卧房一间，不拘草瓦。

灶一口，水缸二个，锅一口，碗五个，碟十个，米一石，盐十斤，种火一盆，种火牛马粪一担。

器械

碗口铳二个，小手铳三个，火箭九枝，大白布旗一面方十二幅。草架三座。

草架法

每架务高一丈二尺，方四面俱一丈。下二尺高用木横阁，使草柴不着地，不为雨湿所浥。上用稻草苫盖，盖如屋形。

伏睹祖宗墩法"举狼烟"。南方狼粪既少，烟火失制。拱把之草，火燃不久，十里之外，岂能目视？且遇阴霾昼晦，何以相瞭？故必用立此大茅屋，积草柴既多，火势大而且久，庶邻墩相望可见。其屋内不拘柴草，务相均停，一层柴一层草，填实盈满。

墩堠报警号令

每墩不拘日夜，分三人带起火三枝，碗口铳一个，手铳二个，在于极外海边巡逻守哨。遇有贼登，昼则摇旗放铳为号，夜则放起火、放铳为号，墩上即便接应。如天晴，则车十二幅大白旗。相邻之墩，车起大旗，一路直至本府所在之处止，一路至本❺卫所城池而止。如若遇天日阴霾或云雾，望旗不见，则将原搭草屋，举火连草屋通听烧燃一架。邻墩接放火则已，如不接放，又烧放一架。夜遇有警，看近海下墩哨军火箭号响，只烧放草屋一架。盖夜间火甚明，不必二座也。邻墩即便一体点放草屋。贼到之墩，一面差一人由便路径到本卫所并陆路官处，报贼多寡、登犯时日情由，听该卫照本府原发报式转报。

墩军号火走报军法

贼所登犯之地，本墩失误放火、扯旗，遇贼流至邻墩之下，邻墩放火、扯旗而本墩后接者，全墩军法示众。

遣下墩海边人役失误者，罪坐下墩海边之人，墩上者连坐，捆打一百。

近贼本墩放火、扯旗，而邻❻墩接应失误者，邻墩军法示众。

举火迟延，走报不时，因而误事者，军法示众。

风汛时月，墩军不拘正墩、邻墩，敢有下墩回家，及虽近墩而不在墩者，无贼至，捆打一百，割两耳；有警，军法示众。该管官捆打、穿耳连坐。

应备前项什物军器，欠缺一件者，墩军捆打一百，割耳，仍罚月粮置办。该管官连坐捆打。

应备前项什物军器，虽不欠缺，而不如法者，墩军捆打四十，扣月粮改置。该管官以分数论罪，治以军法。

查点墩堠法式

每月本职十次，把总七次，卫所五次，各差人。本府于见驻之处起，南北❼分发人员点阅❽，如有不到者，即便绑解治罪。或本❾府自坐小网船，由潮，不拘时日，亲阅查点。

凡差人员点堠，敢有私受❿分银粒米，与墩军所得之罪一体均治。虽素亲信，并不轻减。

差阅人员不亲逐墩到上，却乃在于总路拘查，或托人代查，及到墩而又点查不明者，一体捆打，沿墩示众。

差查人员到墩，先数军足五名，即看种火之处火种有无。次看火箭收拾，药线可否。次看大小铳装收何如。次看十二幅大旗有无损坏。次看大旗杆坚直何如。次看烽火草屋三架柴草有无雨湿漏坏，有无损用，致欠原数。次看水缸有无水。次看米䉤见存、用过数目。次看碗碟、睡卧处所，是否在墩宿歇。

遇警之时，但经放过军器、草屋，不许过三日即要补完。违者治以缺欠法条。

墩军守瞭之法

墩军每风汛时月，如三、四、五、六，尽数在墩，不准以取米粮破调。正、二、七、八、九、十、十一、十二月，准以一名专运薪米。每二名为一班，分为二班，每半月一更赴墩。

官府经过，止可击锣，放小手铳一个。不许擅扯大小白旗、灯笼、烽火等项，以疑邻墩。违者以妄报声息，军法重治。

守城

为军务事：照得风汛迫临，海警叵测。捍御之方，惟在战守矣❶。该本职见在操练标下官兵，临机调发外，但查各卫所城守无法，每遇寇至，则仓皇失措，或致掩袭不备；甚者守御无法，无警之时，昼夜耗人精力，及至五更，往往倦怠失事。是皆已往之咎，而"事豫则立"，正宜先机分布。

夫守城之法，惟蓄养精力有馀，而贼来贵在远知预备。其远知预备之责，又在陆路。但伏路官军，亦多因袭旧套，虚应故事，缓急之间，全无实赖。均合示授方略号令，以严责成。

为此牌仰本卫所官照牌事理，即照发去图式号令条款，将本卫所旗军丁舍人等，只除出海墩陆人役不派垛口外，其馀自举监、生员、致政、供贴、杂差及应袭以下，尽数照依后开条件图式，或四名一垛，或三名一垛，或二名一垛。每五垛另编立知事勤勇一人，充为垛长，专一执厂旗查督。大约以一城人丁众寡通融，不必拘泥原分窝铺。其陆路官员，亦照原曾发去方略，一一遵奉施行。通将编派过旗军丁舍照式攒造书册一本，同各官依准申缴。其守城号令，仍动支不拘何项官银，刊刷成书，每人一丁给与一本，以便熟习。毋得徇情遗逸，及违玩军令，自甘重典未便。

派守城规则

除舍人并编中军者，俱听策应官带领，随贼紧处分投往来，捍御对敌，不派垛口。

次派神兵。先将本城内冲要处所共几处，每处量其险要，该用佛狼机几座，大铳几个，于各处❷所分抽其多者拨充。其馀照各所地方城身均派。

次派鸟铳。通计本城共有若干垛口，见今通有若干边鸟二铳。各照原城所分派，稀密得宜。如有所伍太多者，取加冲要之处。

次派官将。掌印官专管中军，高处号令，四面皆听所督，仍兼附近中军要城一处。又将险要门台几处，派以见在卫所指挥、千户之有力勤勇者。次将各掌印、百户，一官一旗，分派各原经本府编过信地楼铺，各相接界。如一百户署数印，则本官只在本伍楼铺，馀则以旗甲一名分守各铺，本官仍往来兼管。凡有力千户与指挥同派，无用指挥与千户同派。

次将在城生员、致仕省吏，照所分派楼铺。

次将各所伍信地，一城共有若干垛门，凡上团下团上下馀丁，杂差、供贴、守城等军馀丁，通计共有若干，每垛口一个，约合几人。计算已明，然后挨所挨照本府所编信地，一军一馀。或多，许均附一军一馀之外，凑合派垛，编成字号。如一所垛口已尽而军馀有馀，则挨于下伍相邻垛口。如垛口未尽而一所军馀已尽，即以相邻所伍军馀兼搭接派。惟据军馀照人均派，不拘所伍定额，以致厚薄疏密失宜。

每五垛为一厂，内选年壮胆勇者一名，立为垛长。

派定先演三日，候本职亲临演之。如派拨不明、不均、不公，定将掌印官军法处治，当时夺其管事，罚以重差。

守城该备器具厂屋

每垛口五个，立草厂一间，下用板铺，勿使泥湿伤人；上用苫盖，四面皆堪遮蔽风雨。遇至楼铺者，即听以楼铺充之，不必另立。每厂竹竿一根，长一丈三尺，上用布旗一面，叠方二幅，颜色照城方向。

每垛口有几丁，每丁用一尺高有底通节粗竹筒一个，埋在垛口里面。各军所执器械，或短枪，或斩马刀，或鸟铳，或弓矢，插于竹筒内立之。

垛口二个，其派过该守本垛之人，不拘几丁，共出灯笼一盏。其应扯灯绳、杆、灯底坠石、雨罩，俱照图式。

此预备，点有警用。

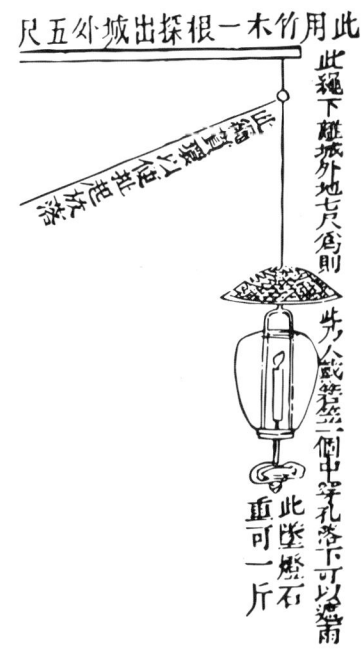

每厂垛长出灯笼一盏，扎于草厂横竿上并楼铺旗竿上，以照城里面。此厂完同验。

每垛下要石子五六斤重、以至一斤半重者，高圆三尺一堆。大圆石可五六十斤者五块。

此文到，即该预备完足。欠一寸者，罚粮一月。无粮，罚挑濠一丈。

有铁架烧松节者，从便。每一架准灯一盏，此预备。

每垛竹木梆一个，每铺百户备大小鼓二面，锣一面。但城内有鼓者，皆许借用。此待贼至方用❸，贼去即听交还。打坏，以守铺军粮扣赔新鼓。无贼时，不许指此诓骗。如无借处，即便预将守城纪录老小军丁内扣粮速办，限文到十日内。

此有警备用，令先备，候本职亲到验之。

每铺遇警种火一盆，俱守铺人丁备。

此临守城日时备也。

每一厂大水缸一个，贮清水。

此临时备。

各色火器俱要预备齐整，责令派到铺边垛口之人管列在铺，听候不时之用。

此预拨在铺。

各神兵❶照派过垛口所在，每一架处搭高厂一个，将佛狼机等铳贮❶其下。遇警，火草时时点候，铅子铳心装盖停当，药线装收干燥。其一应木马、铅子、石子、铳送等项，俱照本府旧日为紧急军务事头行内数目，件件完足，听不时查点。如遇敌用过，敌退准从容五日之外补足，如敌尚在，限一时之内补足，过期军法重处。

此预备点查，各预收派到临近铺内贮搁，候临警取用。

守城鸟铳手，每人药一斤，装管五十三个，铅子五十三个，火绳每根三丈。

此该点查，临警带上城。

中军惟看城外伏路及墩堠原定昼夜烟火旗炮、起火号令，但见前项有警号令，掌印官即便将中军高处，昼则放火炮三个，扯起大白旗。在城大小官军旗舍、举监生员、致仕人等，尽照派过垛口，即时各执器械、厂旗上垛乘城，照依号令。夜则放炮三个，扯起双灯笼二盏。在城前项人等，一照白昼事例上城。遇夜中军发擂，楼铺一齐发擂，中军打更，遇夜铺处处打更。一处断绝更鼓，依临阵军法，连坐本管官旗。

守城号令

凡遇有警，但看城上中军内，昼则放火炮三个，扯起大旗，各人照派信地垛口，火速上城；夜则听中军高处放大铳三个，扯灯二盏，各人照派信地垛口上城。凡上城时，即将器械插于竹筒内，垛长将旗插于草厂边。照垛，不拘一垛几人，俱向外立定。如贼来，远则佛狼机，近则鸟铳，再近打石子等项，难以预料。如贼退或探贼未来，昼如探贼归巢，其巢在十里之外，看中军高处放炮落旗，每垛留一人城上看瞭，馀俱下城休息，听中军前令上城。

凡遇夜，则五垛之人不拘通有几丁，看中军高处放炮、举双灯，通上城，照垛向外立。听中军放炮落灯，每一厂内之人先轮一垛者，或二名，或三名，支一更，馀俱入厂安睡。一更尽，吹长声喇叭转更，又一垛者轮出敲柝守更。守过者进厂同睡，不许脱衣。如此五更五轮，轮完天明。

若遇夜间，忽听中军高处炮响，扯起双灯，是看贼来攻城，各厂内不该支更人丁，尽数起，出向垛口备战。一处有贼，摇鼓敲锣，满城铺俱摇鼓敲锣。一铺锣鼓止，挨铺通止。如贼已退，候中军高处放炮落灯，各丁又俱进厂睡。轮该守垛，照旧执更。

人丁虽不令俱在垛下立到天明，所以休息人力，务使精神有馀，免致每夜到四更，人倦失更，被贼掩袭入。又不许一人因而乘机私归家内安睡，只❶许开厂内轮睡。又不许说话，依旧说的困倦了，及至轮该执更，却值渴睡。

守城军法

凡一厂内一人不至，或夜归私家，连坐垛长，各打二十棍。本犯割耳，同垛同厂连坐。遇贼攻打城池之时而不到者，本犯军法示众，垛长割耳，同垛同厂捆打。

凡旗、厂、器械，矢石、火铳、锣鼓之类，一件不完者，本犯捆打，连坐同垛同厂。五垛以上，本官旗捆打。卫城五铺以上，所城二铺以上，掌印官旗、外管官捆打。临贼攻城之时，以致缺少，及放火器不如法者，本犯军法示众，照前连坐者皆割耳。

回头者割耳。

擅行动者割耳。

见贼大言喧哗者，或被伤高叫惊走者，遵照临阵退缩军法示众。

夜惊者，治其所由，同厂、同垛、本管官旗连坐。

中军高处接应在外并墩堠号令迟误者，掌印官重治，瞭堠司号之人军法示众。

在外伏路墩堠误事，致贼猝至者，究其伏路官军以法。

各铺内遇守城时或致种火断灭，与凡传敲锣鼓或起或止不明，俱罪该管百户。如一百户而兼数印，不得分身者，罪其旗甲，百户从轻发落。

某所

百户某人，下自某门起，迤或东南西北共垛口若干，军人若干。

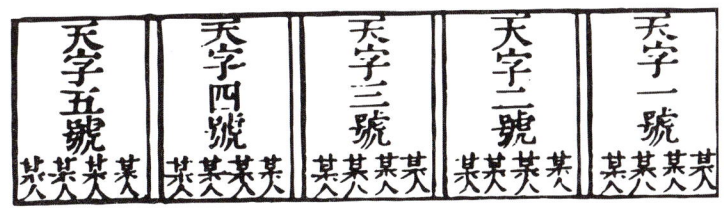

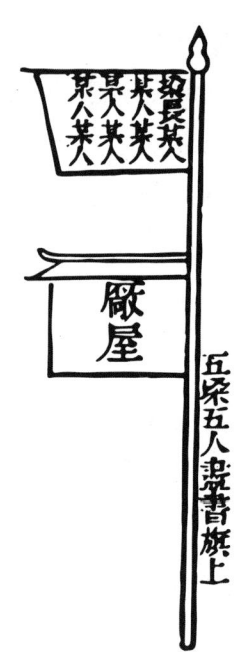

天字五号止,即接地字一二三四五号,又接玄❼黄字号。俱仿此式,刊版填造书册。

各城内建立中军号令

应备什物:先于本城高处可以四面瞭视之地,立桅竿一根,粗径一尺,长五丈。上用棕绳一条,粗大耐久者,大黄布十二幅旗一面。即于旗竿下,或就楼铺,或另立房屋一所,预备灯笼四盏,亮好油烛一百二十枝,大将军炮一个,碗口响炮四个,即以原派管铳兵守之。其随铳应该木马、火药、火绳、送子等件,俱照神兵头行备足。仍将好军十名,专管种火一盆,日夜分班四瞭城外陆路号火、铳炮。拨吹鼓手一副八名,专执此处号令,不拘何事,不许差扯。

号令:平时无警之日,每早天明吹打一通,守城人下城。每晚吹打一通,守城人上城。

凡遇有警,每夜日入山不见,但放大炮三口,扯起双灯,城内人丁闻炮看灯,即便上城守夜。俟定更炮响,起更时双灯放落,各处支更守城人,照守城项下条约施行。所拨十人,分更向四面瞭看城外伏路人动静。

凡伏路人在于城外,不拘昼夜,但放起火三枝,炮响三个,是有贼来偷城。中军瞭见，如是白昼，则放炮三口，扯起大旗，城内人丁尽数火速上城守御，一照守城号令条约。贼去落旗，人丁休息。若夜间，瞭见城外不拘何而伏路人放起火炮响，则扯起双灯二盏，放大炮三口，厂内人丁，尽数出向垛口，以备攻打。贼退后落灯，各人丁仍还厂内休息。

军法：凡伏路人已举火号，而中军接应迟延毫刻，或炮松不致大响，以致在厂之人听闻不明，及灯笼不亮者，致贼突到城下，攻城登雉，掌号鼓手、瞭望人役以军法示众，决不贷生；掌印官捆打一百，割耳。

凡平时各应备器具什物不完者，应备之人军法施行，掌印官连坐。

伏路

发人伏路：凡风汛时月，每城陆路官，将伏路人役，照城外要口四面共有几处，每处拨三人，每人管二更。俱于每日午时赴陆路官处，领起火六枝，手铳四口，各照派过信地方向出城，离三二里之远守伏。每至次日午时，有人交代方许回家。若遇有贼在近，每路每方加拨五名，每人止执一更。

应备什物：每陆路军每一名自办三眼手铳一把，好起火六枝，火绳随时办用。每人灯笼一盏，小黄旗一面，雨具一副。

发伏路号令：凡白昼遇有贼至，即放手铳三个，起火三枝，摇展黄旗驰回。中军高处照给过号令接应。城内人丁又照中军号令，上城守御。

凡夜遇贼至，伏路人先觉，即放手铳三个，起火三枝，一面奔告城下。中军高处瞭见，照给过号令举动。厂内人乘城备战。

伏路军法：凡伏路人出伏迟期，及备该随身前项火药不如法，药绳、药线湿落不堪，雨具不整，及在外之人不候交代而辄回家者，通以军法捆打一百，割耳。如有误事，军法示众，陆路官连坐。

【凡贼来，伏路人在外不截要口哨伏，偷藏人家屋厂园林之内，睡熟误事，致贼突入城下攻城者，伏路人俱比附临阵退缩军法示众。陆路官捆打连坐。】⓲

校记

❶"用于"，学津本误作"胄不"，据庚寅本改。

❷"查阅",学津本、西谛本并误为"查闸",唯朱本作"查阅",从之。

❸"彼",学津本作"比",误,据朱本改。

❹"各各",学津本作"名名",从庚寅本。

❺"本",学津本误作"木",据庚寅本、朱本改。

❻"邻",学津本误作"全",据西谛本改。

❼"南北",学津本误作"南比",据庚寅本改。

❽"点阅",学津本作"点闸",据朱本改。

❾"本",学津本作"木",今改为"本"。

❿"私受",学津本及诸本均作"需受",疑为"私受"之讹,径改。

⓫"矣",学津本作"已",据庚寅本改。

⓬"处",学津本作"多"。

⓭"方用",学津本作"方行",从朱本。

⓮"各神兵",学津本作"各城兵",庚寅本作"各神兵",从之。据前文,"神兵"指火器,此节亦言火器,改"神兵"为当。

⓯"贮",学津本作"在",据庚寅本改。

⓰"只",学津本作"既",误,径改。

⓱"玄",学津本作"元",今改为"玄"。

⓲学津本及诸清刊本皆佚去"凡贼来"以下至篇末五十余字,今据西谛本补上。

卷第十八

治水兵篇

兵船束伍法

每福船一只,捕盗一名,舵工二名,缭手二名,扳招一名,上斗一名,碇❶手二名。上用甲长五名,每甲兵十名。

第一甲佛狼机。甲长专管放佛狼机,贼近,管放火砖、烟罐等器。

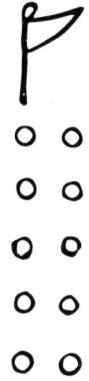

第二甲鸟铳。甲长专管放鸟铳,贼近放打❷。

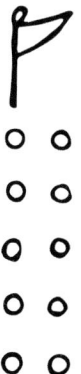

第三甲标枪杂艺。甲长贼远照管船只,摇橹,贼近,发枪刀石药等项。

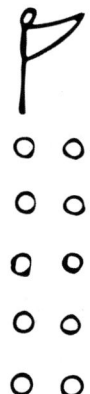

第四甲标枪杂艺。甲长贼远照管船只,摇橹,贼近,发枪刀石药等项。

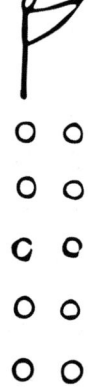

第五甲火弩。甲长以一半打弩,以一半放火箭,贼近,从便攻打。

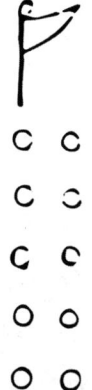

以上，如与贼逼近船边，一时遇巧，不拘何人用何器，但能奋勇当锋，用火药火器成功，用刀枪战杀有功，各为首者，俱以破格奇功论。

每甲长一名，管兵十名，甲长小旗一面，照方色。今以见在船分之：福船二只，海沧船一只，艟䑸船二只为一哨，立一哨官。左右二哨官为一营，立一领兵官。以松门关分右、后二营，海门关分前、左二营，各以指挥一员统领，其船上大旗，则俱用黑布，仍用白布做一大字在旗，通写作"台"字，各照方色制以号带，甲长旗各照号带方色。

福船大旗式 凡旗尺俱官尺

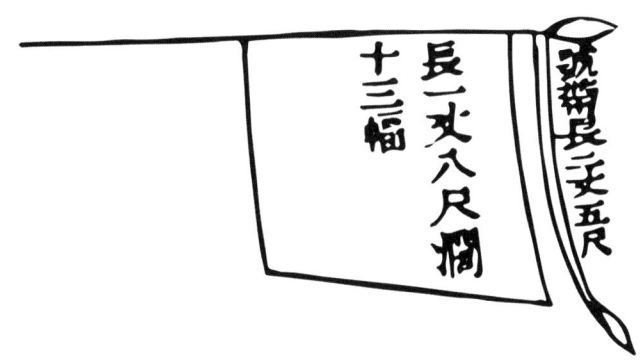

号带颜色：前营红带，左营蓝带，中军黄带，右营白带，后营黑带。

甲长旗式 前营红，左营蓝，右营白，后营黑，中营黄。

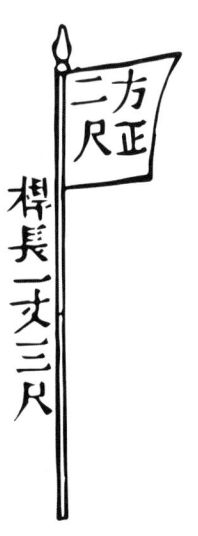

每船五方旗一副

前营：红旗红边一面，蓝旗红边一面，白旗红边一面，黑旗红边一面，黄旗红边一面。

左营：红旗蓝边一面，蓝旗蓝边一面，白旗蓝边一面，黑旗蓝边一面，黄旗蓝边一面。

右营：红旗白边一面，蓝旗白边一面，白旗白边一面，黑旗白边一面，黄旗白边一面。

后营：红旗黑边一面，蓝旗黑边一面，白旗黑边一面，黑旗黑边一面，黄旗黑边一面。

中军：红旗黄边一面，蓝旗黄边一面，白旗黄边一面，黑旗黄边一面，黄旗黄边一面。

兵夫列船式

平时，在船四面摆五甲，总合为一大哨。于船四面，各甲各器长短相间，分方面外而立。如遇打贼，随贼所在之面并力动手；无贼之面亦留每面二人防看。其船头用铳一架。第一甲拨兵四名，专管船头闸板下，第二甲拨兵四名，专管两水仓门。

平时立船阅视图

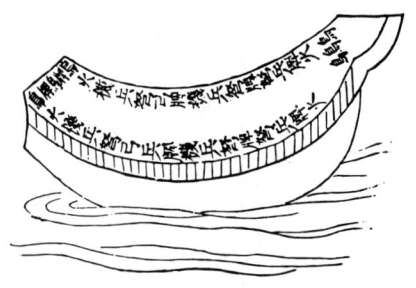

每海沧船一只，捕盗一名，舵工二名，缭手一名，碇手二名，扳招一名，甲长四名，兵夫四十名。旗帜方色俱随本哨福船相同，但尺寸不同，另开于旗图之中。

号带长一丈八尺，长一丈二尺，阔八幅。

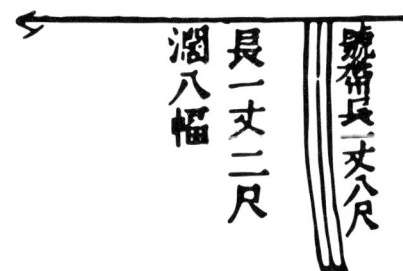

第一甲佛狼机，鸟铳。甲长专管放机铳，贼近，管放火炮、砖、烟火、药等器。

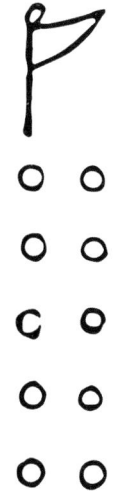

第二甲标枪杂艺。甲长贼远照管船只，摇橹，贼近，管使枪刀、打石、倾放火药等项。

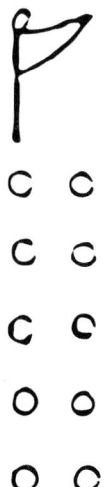

第三甲标枪杂艺。甲长贼远照管船只，摇橹，贼近，管使枪刀、打石、倾放火药等项。

第四甲火箭。甲长以一半打弩，一半火箭。贼近，各色军火器俱要便宜攻打。

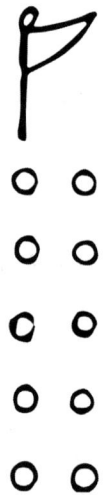

以上，如与贼逼近船边，一时遇巧，不拘何人，用何器，但能奋勇当锋，用火药火器成功，用枪刀战杀有功者，俱以破格奇功论。

每甲长一名，管兵十名。甲长小旗一面，方色同大船。

兵夫列船式

平时，在船四面摆四甲，总合为一大哨。于船四面，各甲各器长短相间，分方面外而立。如遇打贼，随贼所在之面并力动手；无贼之面亦留每面二人防看。其船头用铳一架。第一甲拨兵四名，专管船头闸板下，第二甲拨兵四名，专管两水仓门。

平时立船阅视图

艟艚一只，即大苍山船也。捕盗一名，舵工一名，碇手一名，缭手一名，甲长三名，兵夫三十名。旗帜方色俱随本哨福船相同，但尺寸不同，另开于旗图之中。

长一丈一尺阔七幅

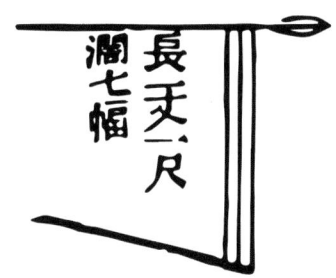

第一甲佛狼机、鸟铳。甲长专管放机铳。贼近，管放火炮、烟药等器。

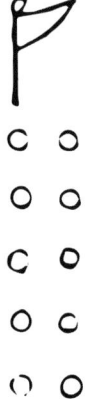

第二甲标枪杂艺。甲长贼远照管船只，摇橹；贼近，各色军器俱听持用，专备攻战。

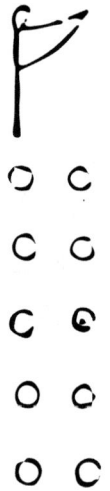

第三甲火箭。甲长以一半弩手，一半火箭。贼远照管船只，摇橹；贼近，各色军器俱听持用，专备攻战。

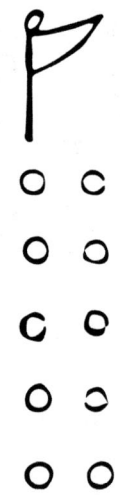

兵夫列船式

平时，在船四面摆三甲，总合为一大哨。于船四面，各甲各器长短相间，分方面外而立。如遇打贼，随所在之面并力动手。无贼之面，亦留每面二人防看。

平时立船阅视图

水兵腰牌正面

照
年岁
县 都人身长 尺寸
面鬓 上有 处
力百斤习艺
嘉靖 年 月 日给

水兵腰牌阴面

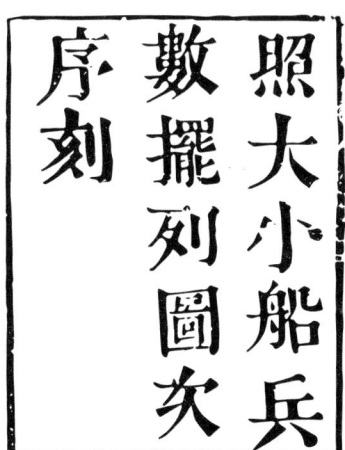

照大小船兵
数摆列图次
序刻

平居号令禁约

福船应备器械数目：

大发贡一门	大佛狼机六座
碗口铳三个	喷筒六十个
鸟嘴铳十把	烟罐一百个
弩箭五百枝	药弩十张
粗火药四百斤	鸟铳火药一百斤
弩药一瓶	大小铅弹三百斤
火箭三百枝	火砖一百块
火炮二十个	钩镰十把
砍刀十把	过船钉枪二十根
标枪一百枝	藤牌二十面
宁波弓五张	铁箭三百枝
灰罐一百个	大旗一面并号带
大篷一扇	小篷一扇
大橹二张	舵二门
碇四门	大索六根
小索四根每根长十八丈	扳舵索一根
缭后手索二根	碇繳四根每根长二十丈
绞碇索四根	铁锅四口并灶盖
花碗八十个	铁锹四把
铁锯四把	铁钻四把
铁凿四把	铁斧四把
薄刀二把	铜锣一面重五斤
大更鼓一面	小鼓四面
大桅旗一顶	正方旗五顶
水桶四担并挈梁	灯笼十盏
木梆铁铎一副	备用大小松杉木十株
火绳六十根	绳十根
铁蒺藜一千个	

捕盗自备用：钉四十斤　油五十斤　麻六十斤　灰三担
各兵自备用：篾盔一顶　随身钉枪一根　腰刀一把

海沧船应备器械数目：

大佛狼机四座	碗口铳三个
鸟嘴铳六把	喷筒五十个
烟罐八十个	火炮十个
火砖五十块	火箭二百枝
粗火药二百斤	鸟铳火药六十斤
药弩六张	弩箭一百枝
弩药一瓶	大小铅弹二百斤
钩镰六把	砍刀六把
过船钉枪十根	标枪八十枝
藤牌十二面	宁波弓二张
铁箭二百枝	灰罐五十个
大旗一面并号带	大篷一扇
小篷一扇	大橹二根
舵二门	碇三门
竹篙十根	大索四根
小索四根每根长十五丈	缭后手索二根
扳舵索一根	碇緻四根每根长二十丈
绞碇索四根	铁锅二口
水桶二担	花碗五十个
铁锹二把	铁锯二把
铁钻二把	铁斧二把
薄刀一把	铁凿二把
更鼓一面	小鼓二面
铜锣一面重五斤	五方旗五面
灯笼四盏	木梆铁铎一副
备用大小松杉木五株	火绳三十六根
绳五根	铁蒺藜八百个

捕盗自备用：钉三十斤　油四十斤　麻四十斤　灰二担
各兵自备用：篾盔一顶　腰刀一把　随身钉枪一根

苍山船应备器械数目：

大佛狼机二座	碗口铳三个
鸟嘴铳四把	喷筒四十个
烟罐六十个	火砖五十块
火箭一百枝	粗火药一百五十斤
鸟铳火药四十斤	药弩四张
弩箭一百枝	弩药一瓶
大小铅弹一百六十斤	钩镰四把
砍刀四把	过船钉枪八根
标枪四十枝	灰罐三十个
大旗一面并号带	大篷一扇
小篷一扇	遮阳篷八扇
大橹一枝	边橹八枝
舵二门	碇二门
竹篙二十根	大索四根
小索二根每根长十五丈	扳舵索一根每根长二十丈
缭后手索二根	碇緪二根每根长二十丈
绞碇索一根	篾缆一根❸
铁锅二口并灶盖	铁锯一把
花碗四十个	铁钻一把
铁斧一把	铁凿一把
薄刀一把	铜锣一面
更鼓一面	小鼓一面
五方旗五面	灯笼四盏
木梆铁铎一副	火绳二十四根
备用杉松木五株	绳五根

捕盗自备用：钉三十斤　油三十斤　麻三十斤　灰二担
各兵自备用：篾盔一顶　腰刀一把　随身钉枪一根

平日各照派定武艺，时常检点船上器具，每日一次，看验损坏。火药遇天晴五日一晒，收搁干燥避火之处。枪刀铁器，半月一磨，遮蔽风雨。有一件收磨不如法，扣罚工食，甲长连坐。

每船斧口石、大擂石务足若干，八分放在船底，二分放在船面。用过即补，不补者扣工食。

每甲兵十名❹，如有在逃一名，将甲长捆打收监，甲下兵夫以五名收监❺，以五名赍文分投捉拿。获日，即以本犯历过工食充赏。限三月，拿不回，将差过之兵各打四十，监并，又差在监一半去拿。如此轮拿，一年不获，全甲兵夫俱革其一年工食，通扣在船，修舱船只。凡差出拿逃兵者，工食即日扣收在官，拿获有功之日给与。其逃兵自首免罪，拿❻到者，春汛时月发船之期，依临阵在逃法示众。每甲俱有逃兵，连坐捕盗；每船俱有逃兵，连坐哨官；各哨俱有逃兵，连坐领兵官，依次连坐。即行觉举者，免罪。

兵逃，甲长即时禀捕盗，捕盗呈哨官，转呈把总，呈府注册。拘该甲兵夫，给文行拿。

每月初一、十五补兵，即于廿九、十四日，该管捕盗募兵到船，送付哨官，带到领兵官验，呈把总类验，本府验中，给与腰牌，发总呈道收册，发船驾操。

各船捕盗，遇夜出哨，脚船、三板船俱要收藏稳便，不许拖带，恐遇风急潮滚顿流者，一船兵役取水不便。误失者，管船兵夫一面治以军法，一面扣月粮赔造。

在港每日清晨，中军船定营，吹打三通，放炮三个，升太平旗，左右前后四营，依序安摆，各擂鼓鸣金，亦升太平旗。

捕、舵、兵夫上岸买办柴米及神福船具，俱赴中军船给筹票，刻限时日回销。敢有不行禀明，私自擅离，及该管小甲互相容隐，知而不举者，一体连治军法。

各船领兵、指挥、哨官、捕、舵、兵夫，风汛时月，不许偷安，假托事故在岸宿歇，虚窃钱粮。致误事机者，不分贵贱，一体军法重治。如有警，掌行号已毕而未到，船已起碇而方来，俱系畏避，即发保候，无功者斩。

各船捕、舵、小甲、兵夫，各照按名分长幼尊卑，务念同船共命，如父子兄弟相处。不许嗜酒,在船争打,违令喧哗,俱以军法连坐,然后另行发官,问理曲直。

兵与甲长,凡事务相推让,惟甲长是听。

甲长平时见捕盗,一跪一揖,遇军中发放,跪听号令。捕盗见哨官,平时青一撒,一跪一揖,遇在中军或临敌,以军法施行。哨官见领兵官,一跪一揖,临敌临操,军法施行。

领兵官戎装见把总,两跪一揖。平时许以冠带,临操临阵,戎装听令。小则径自捆打。

哨官见把总,两跪一揖,临操叩❼头。捕盗见把总,叩❽头。捕盗见领兵官,平时两跪一揖,临操叩❾头跪见。

各船官捕兵役,各备蓑衣箬笠一副,以便遇雨应用,毋得抗违。

或者曰:"兵船当在船上操,岂有取兵下陆地而操水战之理耶?"

继光曰:"海舟比江中不同,战贼时惟用风力帆樯之功,但有舟利帆速者,随便劲上,以间船之力耳。海中风涛潮汐,非内地江湖摇橹整次之比也。舟中既不能操矣,而不取于陆以操❿之,不几于弃之也?"

或又曰:"取之操于水寨是矣,而又何以陆操?"

继光曰:"水陆之分,可恨正在此。逼贼登山,将不舍舟步战乎哉?"

或者曰:"然。"

安摆船式之图

分关二营摆图

一营摆图

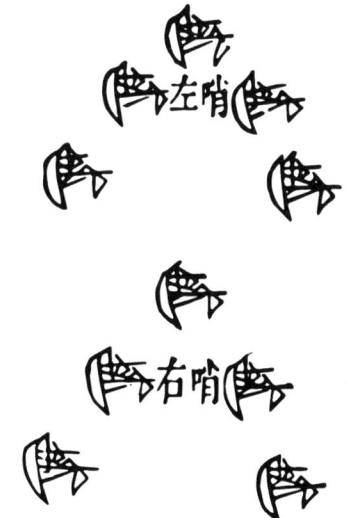

以上摆船之说。大端海涛汹涌，港有湾曲阔狭、当风隐风之不同，随港形深浅，难拘一定之势。此言处宽迴水善之形耳，设使狭如羊肠，则又当单只一字顺下，不可拘方也。

每日日落时分，听中军船上吹打三通，放炮三个，各船一体鸣金，擂鼓落旗。

夜暮，以朦胧为期，中军船发擂三通，起更，各船齐击竹梆。打更者，打鼓一次，梆响一遍。每更用兵二名，一名船头远视，一名船尾高瞭，遇有船过，即便鸣锣，各船齐备。倘水上有黑块夜浮者，恐贼人踏水偷碇，支更兵夫速以石打，一面高叫本船捕兵同看。若是别物流入则已，若是贼人，即便鸣锣打铳，各船一体防备。违令，支更兵夫重治割耳，因而失事者，斩首。

常时水寨操习

每隔夜，把总官先扯该操大旗一面于中军船上，示兵知之。次日早，掌号官先于船上，五更吹长声喇叭一荡，各兵起，收拾做饭。约中军船炊熟，吹第二荡喇叭，各兵食饭。吹第三荡喇叭，各官捕带兵先登岸赴水寨。摆立照图。

俟水寨演熟部伍，然后照前操法以操兵船。俟泊处关港潮平，依法操于舟。如其关港狭曲、风潮，不可操大舟者，以小船摘甲长，每甲摘兵一半，用小船、三板，操其形状之略。

摆立图

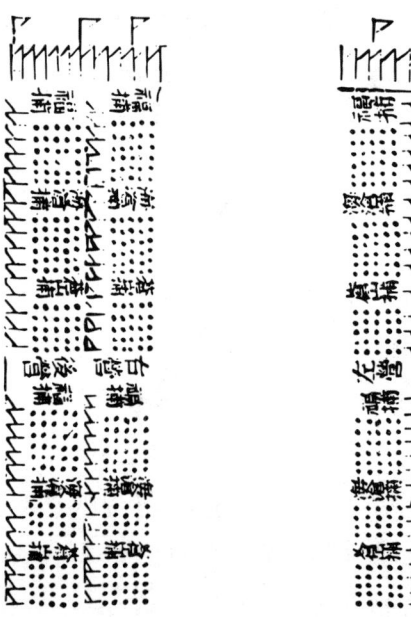

本总摆清道，建五方旗鼓，进场坐定，中军官禀"放炮升旗"，又禀"放静炮三个"，即放炮三个，诸营一时肃静。禀"掌号笛，官旗听发放"，掌号笛，官、捕、甲各执旗，由两边路到台下立定，金响号笛止。其立定之法，每一船捕盗在前，甲长旗挨次在后。中军官呼"官旗过来"，齐应一声，先甲长，次捕盗，次官，跪听发放。掌号官发放云："官旗听着，耳听金鼓，眼视旌旗，驾船如马，见贼争先，同舟共命，奏凯还师。"依次分付，起立。舵工跪过，禀称"舵工听发放"。发放云："舵工听着，一舟之功，全赖尔辈，稍有歪斜，不能直射贼舟者，军法示众！"舵工起。此后如有别事发放，逐一讲明，起立，中军分付官旗下地方，各应一声，鸣金大吹打，各照原路回信地。

各领兵官照依台上规矩，于各营掌号发放毕，听各捕盗将本船甲兵尽数俱令跪听。其先发放扳招手曰："船若着浅，治尔之罪！"次发放缭手曰："使风不正，治尔之罪！"次发放舵工曰："船去不能直射贼舟，治尔之罪！"发放毕，各营肃静。

下营，中军掌长声喇叭三荡，吹哱啰，各兵起身。再吹哱啰，中军旗帜摆出当中立定，点鼓，各船捕、兵依前画港内列船式样，由中照前图摆出。仍为每甲一行，每船各甲平行，俱在场之当中，一行立毕，金响鼓止。一面预于场之尽首，立左右二的，左右相去一百步，其的高六尺，阔三尺。每的下立高桅一根，三丈，粗不拘。又立近的二座于左右的之中，相去二十四步，的高三尺，阔一尺。看中军点何色旗，其该营兵即听吹天鹅声喇叭，擂鼓，各兵呐喊，一船一船挨次近的。一船之兵约去五十步，即照前图内阅视摆船图，相间摆开为一长圈，趋的之中。先鸟铳、狼机射手照远的打放，火箭向高照远桅放之。其佛狼机预先立三架在彼，临时止用各船机兵到即打放，不必抬行。将鸟铳一遍，狼机各一个，火箭一枝，弓箭三发。其鸟铳兵即向近的打石。佛狼机手每人包火药五两，向近的掷火燃之。各色火器各放一件。其标枪手打标，弩手放弩，俱中近的为则，各照方面攻打石矢各三发。鼓少间，一船兵即于大前面抄傍而回。

又擂鼓呐喊，又一船到的，照前行之，又过傍抄回。

如此俱完，则前一船兵复又如环轮转，再近的。金响鼓止锣响，即各于脚下止❶息。

乃将前四的四桅，俱取立居中，一字立之。中军掌哱啰，各起身，擂鼓，吹天鹅声，呐喊，各兵四面向中攻打一番，鸟铳不用铳子，火箭高放，火药标石不必施。以其四围远攻使贼不敢出露身体于船之上，我可径造而擒之。此远势，非逼近势也。如临敌，则自有一船逼近，用标石、火药掷倾近攻，不可预习。

如此一阵，金鸣鼓止，摔钹响，各收成每甲一行，每船为一方立定。再摔钹响，收照原出在港图次立定。放炮三个，鸣金，大吹打，挨次照初出摆营序列回还原扎信地立定，鸣锣，坐地休息。

各官赴台下禀"操毕"，中军禀"比较"，先列佛狼机六座，立一百步的。一面竖起红旗，各船佛狼机手通赴台下，立听唱名打放。每人三铳，中一者量赏，中二者平赏，中三者超格重赏，不中者打罚，如此较陆兵格眼。

次立八十步的，一面竖起红高招，各船鸟铳俱集台下，照佛狼机试打赏罚。

次立六十步的，一面竖起黄旗，各弩手、射手、火箭手通赴台下，每人亦三发，亦照铳手行赏罚。

次立二十步的，一面竖起蓝旗，各船标枪、打石手❿俱赴台下，每人三发，亦照铳手行赏罚。

次立白旗，各船刀手、钩镰手、枪手俱赴台下。先每名单看使舞手法、身法、步法。次斩马刀与长枪较，次叉钯钩镰与长枪较，看其遮当何如。但能任枪诱哄，执立不动，目不瞬视，候到见肉分枪，就使不能遮架，亦为第一等。若一见枪来，远近迎架，头摇身倾，手动足乱，即为生疏，且其人无胆，或治或革，惟公道行之，是为下等。

俱演毕，放炮、落旗、散操。各船三⓭板俱来岸下，候兵登船归艍。

每演此一遍，则演陆操一遍，不拘二项，但操一遍，歇一日。水操每月一、五、九、十三、十七、二十一、二十五、二十九日，陆操每月三、七、十一、十五、十九、二十三、二十七日。其陆操照依本府陆兵新书内，止操自一队起以至一官者止，不操方营与前一半。盖水兵有水操，太劳⓮故也。其武艺各照所执比较，一如官旗调集台下之法。

变水兵为陆兵小队操束伍图

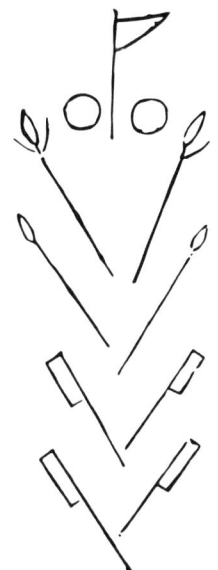

放火砖、火炮、火球之法，须火线燃之将入，方可掷下。不然，掷而灭。就不灭，贼可反手，正当发时，反为所害。

火箭，只着棚帆当中一点打去，常高中则不可救，低则易救。

弩弓，不可远，远则无益，徒费矢竭力。

标枪，非两船相逼不可用。往下打，更难准。

打石，着人头面方打，不可空往船上掷之。

贼船如近我船，便倾下火药一二桶。少则无用，连桶则恐滚掷水中，须倾桶倒下。一面用一二人，用铁锹执炭火数锹，随药掷下，火多则必有燃药者。或用粗碗一个，种火一碗，用灰盖之，放于桶口，掷药之时，碗内火同药倾，及船一磕而火药相粘，必发难救。此第一全胜捷径妙法，智者不能施其巧，勇者不能用其力也。

发船号令

隔日，先行牌谕各捕兵将，以出洋若干日，该备鲞米水数目，令备完，限时点查，欠者捆打、罚工食。

凡中军吹长声喇叭一通，立起黄旗一面，各哨船出洋哨贼。如报有警，本总即升船厅。听炮三个，大吹打毕，先吹哱啰一荡，各船一面起碇。掌号笛，官、捕、旗、甲俱坐三板，赴中军船下两边，照营列定。掌号官禀称"官旗到齐，听发放"，船上叫"官旗进来"。水仓门报门，俱赴船面，掌号官叫"官旗过来"。以下俱照常时在于水寨操练规矩，发放毕，各官、捕回船。亦照寨操一体发放毕，中军船擂鼓升行旗。

吹第二荡哱啰响，各船起篷。第三荡哱啰，依次开船。

夜洋行驶❶，首尾相接，雁行而进，不许太相远离艎哨。一船违令，捕盗之罪；二船违令，哨官之罪；四船违令，领兵官之罪；中军畏缩，把总之罪。其舵工、缭手皆加倍重治。遇有船漏风水不便者，核实免罪。

遇夜洋行船

各船以灯火为号。中军船放起火三枝，放炮三个，悬灯一盏。各船以营为辨，前营船悬灯二盏，平列。左营悬灯二盏，各桅一盏。右营大小桅各悬灯二盏，平列。后营悬灯二盏，一高一低。看灯听铳收艨。船到将近，船上捕盗先自呼名识认。

遇夜泊船，听中军船招艎喇叭响，各船依序随艎安插，不许私求稳便❶远泊，因而疏虞，斩首示众，哨官连坐。

守夜号令俱同在港号令，但每夜加鸟铳手二名，点火执铳，遇疑即便对放。

各船遇夜有急，看中军旗五方高竖灯五盏，是欲设疑以见船多之意。每船后尾上立灯，左右一盏，前桅上加灯二盏。

临敌号令军法

中军船战声喇叭响，各鸣锣，齐擂战鼓，天鹅声响，大声呐喊，奋勇剿杀。获有功级，各送领兵指挥验实，汇❶送中军纪验解报。退缩后至者，斩其捕盗。船行迟曲而后到者，斩其捕盗、舵工。遇浅者，斩其扳招手。船虽先到，而不直射贼船，傍边擦过者，斩其舵工、缭手。使风不正者，斩其舵工、缭手。如已驶❶逼贼舟，相并不能成功，致贼舟复走者，斩其捕盗。各甲长有能挨报"某兵不用心，某兵不用心"者，其不用心之兵斩首，甲长止于捆打。

敌人虑我官兵追战，将船内器物遗弃水中，兵夫敢有捞拾而不追贼者，许本船捕甲割耳示众。故纵者，连坐斩首。

凡已打败贼舟一只，而馀舟不行分头❶追打别贼，共相攒来争捞首级，致贼遁走者，各船获级，俱止归先打一船之功，馀船捕盗捆打一百，割耳。其一船虽已逼到贼舟，而未即打败，馀舟接应，会同用力者，不在此例。

各船遇敌，敢有畏势扬帆远望，逗遛不进者，捕盗、舵工俱就阵斩首示众。

各船放铳，须将火药收藏安便，免至火星爆入，贻患匪细。倘有失误，铳手、管药兵夫一体军法施行。

各船打败倭寇，所捞获财物包裹，听船捕盗从公分给。以多半付动手首功之人，馀皆均处。敢有官捕头目勒分，甚至夹打追侵，公然放肆者，许各兵径于回日赴官告首，决打重治，加倍追付各兵，头目依律治罪。其军器则要报官解验，不许各兵隐藏。

与贼船对泊，船碇缴上用猫竹擘开包裹缴上，以防敌人夜窃之患。违令碇手捆打。

各船遇警，听中军船天鹅声喇叭响，各船鸣金鼓一通，捕兵大声呐喊，以壮军威。违令治以军法。

各船遇警，捕、舵、兵夫不许解衣而卧。违令察出，治以军法。

报警至急，起碇不前，即使用大猫竹一段，计长一二丈，缚于碇缴浮水，以便班师各自认取。违误，碇手割耳示众。

各船捕、舵、兵夫，遇泊船山澳，无故不许上山闲游。恐遇警一时下船不便，致有误事。若要取水，轮值兵夫赴中军船告禀明白，方许取水。违令，上山人拿治不恕。

松海岛屿外洋哨船发火号令

健跳者，北至金齿门，南至渔西。其信地则青珠山，茶盘山，青门，黄茅览。

桃渚者，北至牛头门，南至圣塘门。其信地则獭鳗山，白达山，米筛门。

海门者，北至担门，南至三山。其信地则担门山，三山头。

松门者，北至深门，南至鹿头。其信地则礵头山，胡孙尖，道士冠山，大高城山，鹿头山。

隘顽者，北至鸡脐，南至派氘洋。其信地则沙角山，灵门山。

楚门者，北至邳山，南至茅嬽山。其信地，则久氘山，老宫前山。

往来巡哨，遇有警急，各在信地登各相近山上，先行举放烟火。所在兵船，瞭见火光烟焰，就行开帆望火前进哨剿。联近烽堠，即时按放，传报南北大兵防截。其哨船仍探贼船向往踪迹，亲报领哨官，以便进止。如火报不爽，兵船逗遛误事，罪坐该营领哨官员。若哨船不尽信地，止于一处探望；或在渔樵船只人内取信；或到山放火而原积柴草不足，火小不能燎远，致失传报误事者，该值哨船军甲，俱以军法斩首。

福船说

夫福船高大如城，非人力可驱，全仗风势。倭舟自来矮小，如我之小苍船。故福船乘风下压，如车碾螳螂，斗船力而不斗人力，是以每每取胜。设使贼船亦如我福船大，则吾未见其必济之策也。但吃水一丈一二尺，惟利大洋，不然，多胶于浅，无风不可使。是以贼舟一入里海，沿浅而行，则福舟为无用矣，故又有海沧之设。

海沧说

夫海沧稍小福船耳，吃水七八尺，风小亦可动，但其力功皆非福船比。设贼舟大而相并，我舟非人力十分胆勇死斗，不可胜之。

然二项船皆只可犁沉贼舟，而不能捞取首级，故又有苍船之设。

苍船说—名艟艞，又苍之大者。

夫苍船最小，旧时太平县地方捕鱼者多用之。海洋中遇贼战胜，遂以著名。殊不知彼时各渔人为命，负极之势，亦山贼之入我地是也。今应官役，便知爱命。然此船水面上高不过五尺，就加以木打棚架，亦不过五尺，贼舟与之相等。既势均不能冲犁，若使径逼贼舟，两艘相联，以短兵斗力，我兵决非长策，多见误事。若贼以小舟，入我里海，我大福、海沧不能入，必用苍船以追之。此船吃水六七尺，与贼舟等耳，其捞取首级，水潮中可以摇驰而快便，三色之中，又此为利。

近者改制为艟艞，比苍船稍大，比海沧更小，而无立壁，最为得其中制。遇倭舟或小或少，皆可施功。但水兵人技皆次于陆兵，设使将水兵教练遴选亦如陆兵，而后登之舟中，则比陆战加一舟险，其功倍于陆兵必矣。司寄者何惮而不为哉？

三船利钝说

大端天若风动势顺，则沧不如福，苍不如沧。若风小势逆，则福不如沧，沧不如苍。其开浪、网船之类，皆可备哨探而不可战者。开浪以其头尖故名，吃水三四尺，四桨一橹，其形如飞，内可作[20]三五十人，不拘风潮顺逆者也。又不如八桨船，左右十六桨，后一橹，更为飞汛，但坐卧处不冠冕耳。网船形似织梭，内容二人，前后用二人，以罩罩之，风波大，又可拖之涂[21]上，且不能覆，吃水七八寸耳。此可走报，或用之里港窄河，动以百数，每只内用鸟铳二三人，蜂集蚁附，沿浅沿途而打之，甚妙。如贼追逼，就可弃走，一舟不过一金之费耳。

相寇情

小舟数往来者，谋议也。迟而审顾者，疑我也。欲进而复退者，探我也。既退而卒进者，袭我也。鼓噪而矢石不下者，兵器少也。却而顾者，欲复来也。先急而复缓者，整备也。促鼓而不战者，惧我也。泊而扬帆者，欲出不意也。既退而不速者，谋也。火夜明而呼噪者，恐我袭彼也。掷缆而即起者，欲择其利也。火数明而无声者，备器也。夜泊而趋于涯涘者，乡道欲往也。促缆而不呼者，急欲逝也。促缆及流悬灯于途者，夜逸而溃也。久而不动者，偶人也。鼓而无韵者，伪响也。近岸连村而不登劫者，怯也。不久困请和投降者，诈也。

谨行泊

我舟在洋出哨，追赶贼船，天欲昏黄，潮时将尽，不可贪程，一意前往。须防今夜自安泊处，恐无收岙风至之虞。遇龙潭神庙，不可放铳、吹打呐喊，或有警动起风作浪之失。早晚占看日月星云气色、飞鸟，预知风雨。未到晚黑，便收峇岩[22]，高登四瞭，恐隔山先泊贼船，而我不防也。

浙东潮候

初一、初二、十三、十四，寅申长，巳亥平。
初三、初四、十五、十六，卯酉长，子午平。
初五、初六、十七、十八，辰戌长，丑未平。
初七、初八、十九、二十，巳亥长，寅申平。
初九、初十、廿一、廿二，子午长，卯酉平。
十一、十二、廿三、廿四，丑未长，辰戌平。
廿五、廿六，寅申长，巳亥平。
廿七、廿八，卯酉长，子午平。
廿九、三十，辰戌长，丑未平。

朝生为潮，夕生为汐。晦朔弦望，潮汐应焉，故潮平于地下之中而会于月。潮生于寅，则汐于申；潮生于巳，则汐于亥。阴阳消长，不失其时，故曰潮信。

定太阳出没以应潮信时刻长短

正、九出乙入庚方，二、八出兔入鸡肠。
三、七发甲入辛地，四、六出寅入犬藏。
五月生艮归乾上，仲冬出巽入坤方。
惟有十月与十二，出辰入申仔细详㉓。

定寅时

正、九五更三点歇，二、八五更四点彻㉔。
三、七平光起寅时，四、六日出寅无别。
五月日高三丈地，十月、十二四更二。
仲冬才到四更初，此是寅时须切记。

行船观日月星云占风涛

日晕则雨，月晕主风，何方有阙，即此方风来也。
日没胭脂红，无雨也有风。须看返照日没之前，胭脂红在日没之后，记之记之。

星光闪烁不定，主有风。

夏秋之交大风及有海沙云起，谓之风潮，名曰飓风。此乃具㉕四方之风。有此风，必有霖淫大雨同作。

凡风，单日起，单日止，双日起，双日止。

凡风，起早晚和，须防明日再多。

有暴恶之风，尽日而没。

防夜起之风，必毒。

凡东风急，风急云起，愈急必雨。起雨最难得晴。

凡春风，易于传报，一日南风，必还一日北风。虽早有此风，向晚必静。

防南风尾，北风头，南风愈吹愈急，北风吹起便大。

春南夏北，有风必雨。

云若炮车形起，主大风。

云起，下散四野，满目如烟如雾，名曰风花，主风起。

云若鱼鳞，不雨也风颠。

凡雨阵自西北起者，必云黑如泼墨，又必起作眉梁阵，主先大风雨。后雨急易晴。

水际生靛青，主有风雨。

秋天云阴，若无风，则无雨。

海燕忽成群而来，主风雨。乌肚雨，白肚风。

海猪乱起，主大风。

夜间听九逍遥鸟叫，卜风雨：一声风，二声雨，三声四声断风雨。

虾笼张得鲟鱼，主风水。

水蛇蟠在芦青高处，主水。高若干，涨若干，回头望下，水即至，望上稍慢。

月尽无雨，则来月初必有大风雨。俗云："廿五六若无雨，初三初四莫行船。"春有廿四番花信风。梅花风打头，楝花风打末。

逐月风忌

正月忌七、八日风，乃北风也。

二月忌初二北风。

三月忌清明北风。

五月忌雪至风。以正月下雪日为始，算至五月，乃一百二十日之内，主此风。

六月十二忌彭祖风，在前后三四日。

七八月若有三日南风，必有北风报之。

九月九日前后三四日内，忌九朝风。

十月忌初五风，在前后三四日内。

十一月冬至风。

腊月廿三四扫尘风。

战船器用说

夫水战于舟，火攻为第一等，固然也。其火器之属，种目最多，然可以应急用者甚少。何则？两船相近，立见胜负，其诸器或有宜于用，而制度繁巧，一时仓忙，不能如式掷放，致屡发而无用。或精巧宜用，而势不能遍及一舟，或重赘而不能发及贼船。最不宜者，是见行火器，安药线在口，如若候点入口，则发在我手；若方燃即掷，则掷下又为贼所救。又有所谓灰瓶者，内用石灰。盖舟上惟利滑，使人不能立脚，一说用鸡鸭卵掷下，或掷滑泥者，尤可。今乃用灰瓶，是又涩贼之足而使之立牢也，不可不可。

今屡试屡摘，合以众情，共爱而数用无异者，只有二种，一远一近，至矣足矣。愈淫巧繁多，愈无实用，记之记之。

旧用火药倾下贼舟，此固长策。然又别用火器或炭火再倾掷，使之发药，每每或连桶掷入水中，或被贼乘药桶及伊舟，以水沃湿，亦皆未中肯綮，可以必发。故复重出此说，因以见此法之万分至妙也。所谓二种者，远则只用飞天喷筒，近则只用埋火药桶，至易至便，万用无差。除此之外，所谓火箭、神机、火砖、喷筒之类，皆远不及此。苟具此一种，则他种又皆不必用也。

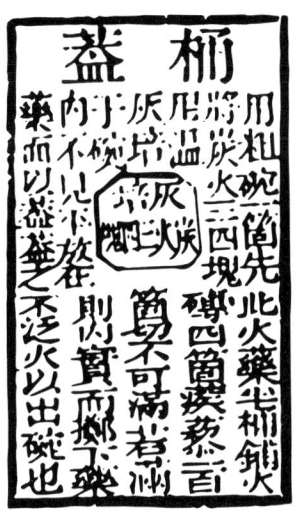

右约贼船在远,先将炭火烧红,盆盛一处。约贼舟相近百十步,以火入粗碗,灰培。再俟贼近三二十步,以碗平放在药桶内,盖了。俟两舟相逼,将桶平平掷下,至贼船被磕动,碗内之火跌泛而出,与药相埋,即发,时刻不失。较之别器,克线不燃及线湿、放早之病,皆可无矣。

船碇:走风捉飔,事急追贼,车关人力起碇迟误。备此临急解系,缴尾泛之,以便回取。

官船碇图[20] 此用桐木烧黑外一寸甚妙

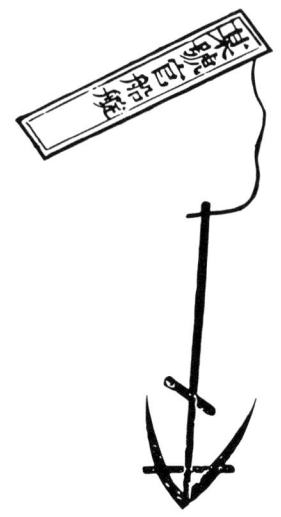

满天烟喷筒:截粗径二寸竹,布箍,用硝磺、砒霜、斑毛、刚子、硇砂、胆矾、皂角、铜绿、川椒、半夏、燕粪、烟煤、石灰、斗兰草、草乌、

水蓼、大蒜，得法分两制度，磁沙、玉田沙炒毒，系枪竿头。顺风燃火，则流泪喷涕，闭气禁口，守城用。战船只用飞天喷筒烧帆为第一妙器，此又不足用也。此乃各处见用于兵船者尔。

火砖：用地鼠纸筒炮，各安药线，每五个排为一层，上下二节各二层，以薄篾横束。合洒火药、松脂、硫黄、毒烟，用粗纸包裹成砖形。外用绵纸包糊，以油涂密。另于头上开口下竹筒，以药线自竹筒穿入。

竹筒穿药线式图[27]

包式图[28]

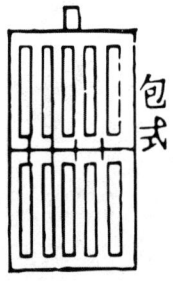

火妖：纸薄拳大，内荡松脂，入毒火，外煮松脂、柏油、黄蜡，燃火抛打烟焰，蒺藜戳脚。利水战、守城、俯击、短战。

飞天喷筒：硝磺、樟脑、松脂、雄黄、砒霜，以分两法制打成饼。修合筒口，饼两边取渠一道，用药线拴之。下火药一层，下饼一个，用送入推紧。可高十数丈，远三四十步，径粘帆上如胶，立见帆燃莫救。此极妙极妙！万方效策。

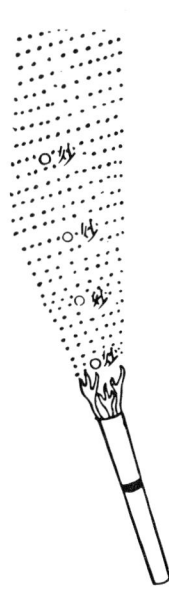

大蜂窠：范大炮纸糊百层，间布十层。内藏小炮，半入毒，半入火。又间小炮，入灰煤、地窜头、带火磁沙炒毒、铁蒺藜粪汁毒炒，包松脂、硫黄毒、人发、角屑等件。此一火器，战守攻取，水陆不可无者。夺心眩目，惊胆伤人，制宜精妙，此尤兵船第一火器。

　　火器之法，制度甚多，其实大同小异，皆不甚利。若用，只此数种，尽其妙矣，故不繁载。至如弓射箭头用火之类，又不如火箭。除水陆通用者，先附陆兵技艺之后，凡陆所不用，只可用于水者，故备于此。
　　以上药线，各处制者俱用一二尺长浮于外，每点掷之际，一掷闪风，其药线便灭。或掷至别船，如贼见其尚长而拔之，或反掷我舟。余今用子母铳药线法，凡火器一件，其药线之处，用细竹管一个直插于腹内至底，药线安于竹腹之内。待外点火，燃线已入竹管之内，不见方才掷下，则线在竹内燃至竹底，方透火器。掷下之时，则药线在竹内燃，并无闪灭之事。且掷于贼舟，只见凝然一物，并不知点燃何处。就掷在水内，则线燃于腹，火气冲于口，水为气所迎，亦不能入，虽在水底，尤能燃放而后已。此极妙极验，万无一失者。其法附陆兵器艺之后，子母铳信是也。如要速燃，则不必缠盘，但只入竹管腹内亦可。

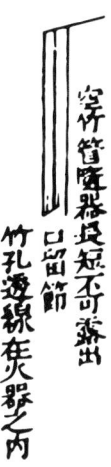

校记

❶"碇",原书中"碇""椗""矴"并用,今统一为"碇"。

❷"放打",学津本作"攻打",据朱本改。

❸"根",学津本作"更",径改。

❹"十名",学津本作"六名",据后文义,知是十名之讹,径改。

❺每甲兵十名,若在逃一名,五名分头捉拿,则收监者当为四名。作五名者应误。

❻"拿",学津本误作"食",据庚寅本改。

❼❽❾"叩",学津本作"扣",径改。

❿"操",学津本作"习",据朱本改。

⓫"止",学津本误作"上",据文义改。

⓬"手",学津本作"打"。

⓭"三",学津本误作"二"。"三板",即"舢板"之俗写。

⓮"太劳",学津本作"大营",据庚寅本改。

⓯"行驶",学津本误作"行使",据文义径改。

⓰"稳便",学津本作"私便",据庚寅本改。

⓱"汇",学津本作"类",据庚寅本改。

⓲"驶",学津本作"使",径改。

⓳"分头",学津本作"分投",据朱本改。

⓴"作",学津本、西谛本皆作"作",疑是"坐"之误。

㉑"涂",学津本作"舵",据庚寅本改。

㉒"岩",学津本误作"宕",据庚寅本改。

㉓"出辰入申仔细详",学津本作"出寅入申仔细详",当误。据《顺风相送·定太阳出没歌》(向达校注《两种海道针经》,中华书局1961年版,第30页。)应为"出辰入申",从改。

㉔"正、九五更三点歇,二、八五更四点彻",学津本作"正、九五更四点彻,二、八五更二点歇",当误。据《顺风相送·定寅时歌》(向达校注《两种海道针经》,中华书局1961年版,第30页。)应为"三点歇""四点彻",从改。

㉕"具",学津本作"飓",当误。娄元礼《田家五行·论风》云:"古人名之曰飓风,言其具四方之风。"(明娄元礼撰《田家五行》卷上,明张师说校订本)据此文义,改"飓"作"具"。

㉖㉗㉘图名为点校者拟加。

附 录

一、（明）李承勋刊本《纪效新书》卷四《短器长用解》

藤牌、腰刀、长刀、偃月刀、钯、棍、钩镰、鞭、简、挝、锤，皆短兵也。以之敌长枪，彼以一丈七八尺，我不过七八尺与二三尺。旧法，钯、棍、大刀俱手握在柄中，其手去锋头不及二尺长，却又双使倒用，绕身纵横，此游方教师单人对击，饰观者之目则可。彼之长枪闪闪而进，疾如流星，短器就习精熟，胆大敢当，只能格得彼枪不中入我身耳。及我欲进，则彼原进我内不深，一缩复出在外，我不得拨定彼枪，使无反手，如何敢进？如此终日，我无胜理。短兵利在速进，终难接长，持久即为所乘。今俱加长，别有尺寸。手握根间，一寸不可留，皆有七八尺在外，并股肱进步，计一丈之远。彼若以长来，待他入我深五尺间，一拨格他歪了，即用棍内连打之法，下下着在长兵上，流水点戳而进。彼先进我五尺，我一进又有五尺，是得一丈之势矣。被我连打，势不得起，欲抽脱去，岂能便抽一丈？一入长兵之内，则惟我短兵纵横，长兵如赤手同矣。

藤牌、腰刀本短中之短也，而必用标枪，依以狼筅，即短兵长用之法也。用棍如读《四书》，钩、刀、枪、钯如各习一经。《四书》既明，《六经》之理亦明，若能棍，则各利器之法从此得矣。一切不足当大阵者，俱不赘说。

尝见狼土之兵，土官法严，战无不胜。初调杀倭，每得一胜，旋即败衄，何也？所用皆长牌短刀，而倭则长枪重矢，此所谓短不接长。及短刀相接，刀法迥不如倭，此所谓以不能而斗能也。鸟铳固优于矢，但铳精则胜如用矢，铳具不如式，习之不精，反不如矢，而让敌以长技矣。步下短兵，有若杨家枪，手握于根，而倭则持枪中截。枪法惟长彼一寸则必胜，乃较倭长可五尺，是倭枪不足以敌吾之枪矣。用时必身法、步法与手法并进，而手握于根，即如把舵使舟，钯、棍、大刀、长刀皆然。但平日在教场操时，似谓习之已精已至矣，临敌之时，若使仍是照前从容酬应，如教场内比试一般，不必十分武艺，只学得三分亦可无敌。奈每见贼时，死生呼吸所系，面黄口干，手忙脚乱，射法打法尽都忘失，手软身颤，举刺不起，只有互相乱打，平日工夫，一毫无济，岂不徒然！火器尤为误事，或向天而打；或手向前放铳而头已回顾走路；或先将铅子衔口中，忙乱装铳，忘子在口，顺气咽入腹中；或忘入铅子；或先下铅子，而后入药；或子小口大，照打时铳口一低，铅子流出；或装毕而火绳落地，为湿气所灭；或持线自焚其药，十铳之中，仅有六七铳发出，六七之中仅有二三中耳。此盖百战中面见熟视而知之也。难矣哉！是在为将者反其弊而严其教比，以转移之而已。

腰刀制

长三尺二寸，重一斤十两。柄长三寸。

腰刀解

腰刀造法，铁要多炼，刃用纯钢，自背起用平铲平削至刃。刃芒平磨，无肩乃利。妙尤在尖。近时匠役将刃打厚，不肯用工平磨，只用侧锉横出，芒两下有肩，砍入不深，刃芒一秃，即为顽铁矣。此当辨之。刀要与手相轻，柄要短，形要弯，庶宛转牌下，不为所碍，盖就牌势也。

习法已备"藤牌"中。无牌，刀短不可入阵，惟马上可用之。

长刀制

刃长五尺，后用铜护刃一尺，柄长一尺五寸，共长六尺五寸。重二斤八两。

长刀解

此自倭犯中国始有之。彼以此跳舞光闪而前，我兵已夺气矣。倭善跃，一进足则丈馀，刀长五尺，则丈五尺矣。我兵短器难接，长器不捷，遭之者身多两断。缘器利而双手使，用力重故也。今如独用则无卫，惟鸟铳手贼远发铳，贼至近身，再无他器可以攻刺，如兼杀器，则铳重药子又多，势所不能。惟此刀轻而且长，可以兼用，以备临身弃铳用此。况有杀手当锋，故用长刀备之耳。

习法：此倭夷原本，辛酉年阵上得之。

新流之目録

猿飛
此手ハ[...]太
刀ニテ
虎乱青岸塔兄

又歌 長太刀ヲモ[...]
[...]
猿回

此手も歌ニ[...]
[...]
第三 山陰

倭决止

见习法

附 录

镋钯制

长七尺六寸,重五斤。柄杪合钯口。根粗一寸,至杪渐渐细。太细则不坚,用力击时铁头可坠地也。

镋钯解

上用利刃,横以弯股,刃用两锋,中有一脊。造法:须分脊平磨,如磨刀法,两刃自脊平减至锋,其锋乃利,日久不秃。弯股四棱,以棱为利,须将棱四面直削,亦日久而不秃。中锋头下之库可容核桃,则安于木杪乃不损折,仍用一钉关之,但横股壮矣。正锋头冠于木杪,细而浅,每击多坠。临时锋坠,是失一兵矣。新造用正锋与横股合为一柄,杪入铁库既深,横股库又粗,任击不落。

此器自有倭时始用,在闽、粤、川、贵、云、湖皆旧有之,而制不同,乃军中最利者。兵法:"五兵'五'当,长以救短,短以救长。"短兵种类甚多,而惟此一品可击可御,兼矛盾两用。若中锋太长,两横太短,则不能架拿贼器,若中锋与横股齐,则不能深刺,故中锋必高二寸,且两股口平,可以架火箭,不用另执箭架。故每执此器之兵二名,共给火箭三十枝,贼远则架箭燃而发之,近则弃箭而用本器,万全万胜之计也。

习法（七势）[1]

朝天势

中平势

进步势

伏虎势

拿枪势

骑龙势

架枪势

校记

❶"七势"二字是点校者拟加。

录自：（明）戚继光撰《纪效新书》，明万历十六年（1588年）李承勋刻本。

二、（清）张廷玉等撰《明史·戚继光传》

戚继光，字元敬，世登州卫指挥佥事。父景通，历官都指挥，署大宁都司，入为神机坐营，有操行。继光幼倜傥负奇气。家贫，好读书，通经史大义。嘉靖中嗣职，用荐擢署都指挥佥事，备倭山东。改佥浙江都司，充参将，分部宁、绍、台三郡。

三十六年，倭犯乐清、瑞安、临海，继光援不及，以道阻不罪。寻会俞大猷兵，围汪直馀党于岑港。久不克，坐免官，戴罪办贼。已而倭遁，他倭复焚掠台州。给事中罗嘉宾等劾继光无功，且通番。方按问，旋以平汪直功复官，改守台、金、严三郡。

继光至浙时，见卫所军不习战，而金华、义乌俗称慓悍，请召募三千人，教以击刺法，长短兵迭用，由是继光一军特精。又以南方多薮泽，不利驰逐，乃因地形制阵法，审步伐便利，一切战舰、火器、兵械精求而更置之。"戚家军"名闻天下。

四十年，倭大掠桃渚、圻头。继光急趋宁海，扼桃渚，败之龙山，追至雁门岭。贼遁去，乘虚袭台州。继光手歼其魁，蹙馀贼瓜陵江尽死。而圻头倭复趋台州，继光邀击之仙居，道无脱者。先后九战皆捷，俘馘一千有奇，焚溺死者无算。总兵官卢镗、参将牛天锡又破贼宁波、温州。浙东平，继光进秩三等。闽、广贼流入江西。总督胡宗宪檄继光援。击破之上坊巢，贼奔建宁。继光还浙江。

明年，倭大举犯福建。自温州来者，合福宁、连江诸倭攻陷寿宁、政和、宁德。自广东南澳来者，合福清、长乐诸倭攻陷玄钟所，延及龙严、松溪、大田、古田、莆田。是时宁德已屡陷。距城十里有横屿，四面皆水路险隘，贼结大营其中。官军不敢击，相守逾年。其新至者营牛田，而酋长营兴化，东南互为声援。闽中连告急，宗宪复檄继光剿之。先击横屿贼。人持草一束，填壕进。大破其巢，斩首二千六百。乘胜至福清，捣败牛田贼，覆其巢，馀贼走兴化。急追之，夜四鼓抵贼栅。连克六十营，斩首千数百级。平明入城，兴化人始知，牛酒劳不绝。继光乃旋师。抵福清，遇倭自东营澳登陆，击斩二百人。而刘显亦屡破贼。闽宿寇几尽。于是继光至福州饮至，勒石平远台。

及继光还浙后，新倭至者日益众，围兴化城匝月。会显遣卒八人赍书城中，衣刺"天兵"二字。贼杀而衣其衣，绐守将得入，夜斩关延贼。副使翁时器、参将毕高走免，通判奚世亮摄府事，遇害，焚掠一空。留两月，破平海卫，据之。初，兴化告急，时帝已命俞大猷为福建总兵官，继光副之。及城陷，刘显军少，壁城下不敢击。大猷亦不欲攻，需大军合以困之。四十二年四月，继光将浙兵至。于是巡抚谭纶令将中军，显左，大猷右，合攻贼于平海。继光先登,左右军继之,斩级二千二百,还被掠者三千人。纶上功,继光首,显、大猷次之。帝为告谢郊庙,大行叙赉。继光先以横屿功,进署都督佥事,及是进都督同知,世荫千户,遂代大猷为总兵官。

明年二月,倭馀党复纠新倭万馀,围仙游三日。继光击败之城下,又追败之王仓坪,斩首数百级,馀多坠崖谷死,存者数千奔据漳浦蔡丕岭。继光分五哨,身持短兵缘崖上,俘斩数百人,馀贼遂掠渔舟出海去。久之,倭自浙犯福宁,继光督参将李超等击败之。乘胜追永宁贼,斩馘三百有奇。寻与大猷击走吴平于南澳,遂击平馀孽之未下者。

继光为将号令严,赏罚信,士无敢不用命。与大猷均为名将。操行不如,而果毅过之。大猷老将务持重,继光则飙发电举,屡摧大寇,名更出大猷上。

隆庆初,给事中吴时来以蓟门多警,请召大猷、继光专训边卒。部议独用继光,乃召为神机营副将。会谭纶督师辽、蓟,乃集步兵三万,征浙兵三千,请专属继光训练。帝可之。二年五月命以都督同知总理蓟州、昌平、保定三镇练兵事,总兵官以下悉受节制。至镇,上疏言:

蓟门之兵,虽多亦少。其原有七。营军不习戎事,而好末技,壮者役将门,老弱仅充伍,一也。边塞逶迤,绝鲜邮置,使客络绎,日事将迎,参游为驿使,营垒皆传舍,二也。寇至,则调遣无法,远道赴期,卒毙马僵,三也。守塞之卒约束不明,行伍不整,四也。临阵马军不用马,而反用步,五也。家丁盛而军心离,六也。乘障卒不择冲缓,备多力分,七也。七害不除,边备曷修?

而又有士卒不练之失六,虽练无益之弊四。何谓不练?夫边所藉惟兵,兵所藉惟将;今恩威号令不足服其心,分数形名不足齐其力,缓急难使,一也。有火器不能用,二也。弃土著不练,三也。诸镇入卫之兵,嫌非统属,漫无纪律,四也。班军民兵数盈四万,人各一心,五也。练兵之要在先练将。今注意武科,多方保举似矣,但此选将之事,非练将之道,六也。何谓虽练无益?今一营之卒,为炮手者常十也。不知兵法五兵迭用,当长以卫短,短以救长,一也。三军之士各专其艺,金鼓旗帜,何所不蓄?今皆置不用,二也。弓矢之力不强于寇,而欲藉以制胜,三也。教练之法,自有正门。美观则不实用,实用则不美观,而今悉无其实,四也。

臣又闻兵形象水,水因地而制流,兵因地而制胜。蓟之地有三。平原广陌，内地百里以南之形也。半险半易，近边之形也。山谷仄隘，林薄翳翳，边外之形也。寇入平原，利车战。在近边，利马战。在边外，利步战。三者迭用，乃可制胜。今边兵惟习马耳，未娴山战、林战、谷战之道也，惟浙兵能之。愿更予臣浙东杀手、炮手各三千，再募西北壮士，足马军五枝，步军十枝，专听臣训练，军中所需，随宜取给，臣不胜至愿。

又言："臣官为创设，诸将视为缀疣，臣安从展布？"

章下兵部，言蓟镇既有总兵，又设总理，事权分，诸将多观望，宜召还总兵郭琥，专任继光。乃命继光为总兵官，镇守蓟州、永平、山海诸处，而浙兵止弗调。录破吴平功，进右都督。寇入青山口，拒却之。

自嘉靖以来，边墙虽修，墩台未建。继光巡行塞上，议建敌台。略言："蓟镇边垣，延袤二千里，一瑕则百坚皆瑕。比来岁修岁圮，徒费无益。请跨墙为台，睥睨四达。台高五丈，虚中为三层，台宿百人，铠仗糗粮具备。令戍卒画地受工，先建千二百座。然边卒木强，律以军法将不堪，请募浙人为一军，用倡勇敢。"督抚上其议，许之。浙兵三千至，陈郊外。天大雨，自朝至日昃，植立不动。边军大骇，自是始知军令。五年秋，台功成。精坚雄壮，二千里声势联接。诏予世荫，赉银币。

继光乃议立车营。车一辆用四人推挽，战则结方阵，而马步军处其中。又制拒马器，体轻便利，遏寇骑冲突。寇至，火器先发，稍近则步军持拒马器排列而前，间以长枪、筤筅。寇奔，则骑军逐北。又置辎重营随其后，而以南兵为选锋，入卫兵主策应，本镇兵专戍守。节制精明，器械犀利，蓟门军容遂为诸边冠。

当是时，俺答已通贡，宣、大以西，烽火寂然。独小王子后土蛮徙居插汉地，控弦十馀万，常为蓟门忧。而朵颜董狐狸及其兄子长昂交通土蛮，时叛时服。万历元年春，二寇谋入犯。驰喜峰口，索赏不得，则肆杀掠，猎傍塞，以诱官军。继光掩击，几获狐狸。其夏，复犯桃林，不得志去。长昂亦犯界岭。官军斩获多，边吏讽之降，狐狸乃款关请贡。廷议给以岁赏。明年春，长昂复窥诸口不得入，则与狐狸共逼长秃令入寇。继光逐得之以归。长秃者，狐狸之弟，长昂叔父也。于是二寇率部长亲族三百人，叩关请死罪，狐狸服素衣叩头乞赦长秃。继光及总督刘应节等议，遣副将史宸、罗端诣喜峰口受其降。皆罗拜，献还所掠边人，攒刀设誓。乃释长秃，许通贡如故。终继光在镇，二寇不敢犯蓟门。

寻以守边劳，进左都督。已，增建敌台，分所部十二区为三协，协置副将一人，分练士马。炒蛮入犯，汤克宽战死，继光被劾，不罪。久之，炒蛮偕妻大壁只袭掠边卒，官军追破之。土蛮犯辽东，继光急赴，偕辽东军拒退之。继光已加太子太保，录功加少保。

自顺义受封，朝廷以八事课边臣：曰积钱谷、修险隘、练兵马、整器械、开屯田、理盐法、收塞马、散叛党。三岁则遣大臣阅视，而殿最之。继光用是频荫赉。南北名将马芳、俞大猷前卒，独继光与辽东李成梁在。然蓟门守甚固，敌无由入，尽转而之辽，故成梁擅战功。

自嘉靖庚戌俺答犯京师，边防独重蓟。增兵益饷，骚动天下。复置昌平镇，设大将，与蓟相唇齿。犹时躏内地，总督王忬、杨选并坐失律诛。十七年间，易大将十人，率以罪去。继光在镇十六年，边备修饬，蓟门宴然。继之者，踵其成法，数十年得无事。亦赖当国大臣徐阶、高拱、张居正先后倚任之。居正尤事与商确，欲为继光难者，辄徙之去。诸督抚大臣如谭纶、刘应节、梁梦龙辈咸与善，动无掣肘，故继光益发舒。

居正殁半岁，给事中张鼎思言继光不宜于北，当国者遽改之广东。继光悒悒不得志，强一赴，逾年即谢病。给事中张希皋等复劾之，竟罢归。居三年，御史傅光宅疏荐，反夺俸。继光亦遂卒。

继光更历南北，并著声。在南方战功特盛，北则专主守。所著《纪效新书》《练兵实纪》，谈兵者遵用焉。

弟继美，亦为贵州总兵官。

录自：《明史》卷二百十二，中华书局 1974 年版，页 5610-5617。

三、（明）董承诏撰《戚大将军孟诸公小传》

公讳继光，字元敬，初号南塘。先世定远人。高皇帝初，百户详从西略地，以战殁。子斌受职，有开国功。斌生珪，珪生谏，谏生宣，世金登州卫指挥事。宣无嗣，有弟曰宁，袭之。宁生景通，即公父孝廉将军也。

公隆准方颐，沉毅有度，具文武才。弱冠服官，累部良家子备胡，晓畅北边利弊。有请缨之志，无地也。寻以备倭擢都司。乙卯，参将事于浙，正巨寇徐海、王直等，勾倭内讧。变起仓卒，敕调诸省及土夷诸客兵，狼心难控,且肆剽掠,愆期以至,遇寇复遁。于是,公有练土著之请。众哗然难之。公因募丁乌伤,创阵使习,名曰"鸳鸯",取其短长兵参差相卫也。节制一新,脆弱皆武,因而犄角遇寇,身先奋击。台州、花街、白水洋等处,九战皆捷,岛夷畏之如虎。江右山寇黎天明等,纠上杭、邵武等贼七千馀众,纵横铅山、贵溪间。抚臣邀公分兵两援之。公曰:"非兵法也。万一风雨,贼或变更,则兵势孤矣。所谓分者,只于十里馀分而度其必合,合而可使或分,正如率然救首救尾,乃为得计。"既而谍报贼果焚巢,移屯上坊。然竟忤抚旨,寇平,赏卒不行。

迨壬戌,闽以岛夷猖獗,当事谓公所部兵训有成效,亟请以援闽,不然,闽且不保。诏下,公总材官练卒以往。公初启,抚道集注林,部署三大营机宜,公进曰:"俞、刘两公,拒贼数月,今一旦掩而有之,何以堪?愿请身当敌冲,两公为翼击,功赏共之,不敢专。"众啧啧多公让也。公破横屿、牛田后,势如破竹,而兵以格江右之赏,咸诅。公曰:"兵者气也,不惟却阵挫气不可用,而战后泄气亦不可用,必再盈而用之。故其用不穷而气常胜。"是以赏冲锋者,戮退缩者,乃进。

时,贼结队攻仙游,制"吕公车",高城丈许,三面蔽以竹木、绵毡、绸缪数匝,内层梯布阶,匿贼百馀众,直逼城堞。车顶复驾飞桥,度越女墙,城中危且旦夕。公大驱贼还,遂以火攻巢,车悉毁。自此王仓、蔡坡等处,转战俱捷,复闽陷城者七,捣龙头,歼吴平,山海戡殳大定。

公以参将入闽,进副将。再论功最中军,署都督同知。上命任子武德将军,则移任骠骑,任子寿国。

丁卯秋,东西虏分犯塞,攻陷石州,东薄昌黎,几不守。上趣召公,旋以流言,使殿京营。公忠孝人也,盘错弥厉,乃商辅兵策。历陈自强状,如伏波聚米。详具全疏中。籍令当事开诚纳之,募三辅而张六师,公得专制,惟所批导,简车攻,出沙漠,焚老上,封狼居胥,此其时也。部持两端不可,遂出为总理蓟昌三镇练兵。因上边事,复兼镇守。力请募南兵,教车战。因堑壕,建台堞,亘二千里,屹然金汤,临敌声援,聚若渊鱼,奔若超忽。小入大入,战即创虏,生俘渠酋长秃以归。诸部慑公威,奉汉索惟谨。蓟功论最,天子劳苦公,官任子执金吾。

先是赵高在事,或蜚流言,不有江陵,公几殆。江陵故习阃外事,目属公而心多之。公愿得连十万众问罪匈奴,遗中国数十百年之安。江陵龊公，视若左右手，宽中制以待上功。及江陵殁，觭觝倏起，有喙三尺，公竟量移而赍志于牖下。公春秋才一甲子也。

初，孝廉将军班白，始举公，操之严。公綦履过庚，孝廉大诟曰："童子何知！綦履必锦衣，锦衣必肉食，尔父清白，必不尔厌，尔将饕卒伍以自封，难为后矣。"竟裂之乃罢。乡有私孝廉者曰："何以遗后世？"孝廉呼公慰曰："吾遗尔不赀，藏之帝所富盛矣，且不戒心于盗。"迨公入长安，设祖郊外，复申命之曰："吾遗若者，毋轻用之。"公跽进曰："儿当裒益，何敢损！"以故四提将印，佩玉三十馀年，野无成田，囊无宿镪，惟集书数千卷而已。

公著作甚盛，重训有《家乘》《愚愚稿》，交游有《笺牍》，诗文有《横槊稿》，筹国有《请兵辩食芹稿》《奏疏案牍》，治兵有《纪效新书》《练兵实纪》《储练通论》《哨守条约》诸集。

夫识时务者号为俊杰，俊杰在识时务。所极重者而呕返之，不然，如腹笥、如悬河，亦安济缓急乎哉。使今日如公以浙用浙，在蓟则愿堂堂正正，得一当虏，何至以客兵苦辽，而以征调骚海内也。公慷慨公忠，呕心任事，故随地辄效，至今功德犹在人心目间。三十馀祀郁伊，竟无有为公鸣诸天子，今首揆特疏请之，以慰拊髀，以风后起，且录公后，公可以吐气千秋矣。公亦艰子，公自谓出奇计始得之。丈夫子四，长祚国，以祖职起官。次昌国，执金吾，新晋二阶。次报国、兴国，皆庠生。

  录自：（明）董承诏辑《重订批点类辑练兵诸书》十八卷传略一卷，《四库全书存目丛书》子部第33册影印北京大学图书馆藏明天启二年董承诏刻本。

四、（明）汪道昆《明故特进光禄大夫少保兼太子太保中军都督府左都督孟诸戚公墓志铭》

余自职方贰邦政，简记诸名将而综核之，慓者不坚，诞者不副，律之军志，不偾则糜，要以为丈人，为司命，为社稷之卫，为不二心之臣，则戚少保其人当世无两。少保文武具足，顾折节而右吾文。越在行间，得片言如右券。居常纂乃考服，挚挚以孝为忠，有开必先，余则有《孝廉将军传》。会倭掠吴入浙，辛酉，寇台州。少保将所部兵，九捷而平，余则有《台州平夷传》。壬戌，余自闽监，少保军歼横屿，遂截马鼻，捣牛田，兵不留行，一月三捷。既饮至，余则有《平远台勒功铭》。于时同歃而盟，务戮力以纾闽难。余请师再至，岛夷荡平，遂复诸郡县城堡。癸亥，新寇累万，厚集仙游，则出奇夜袭之，寇无噍类。乃若焚山寇百垒，覆海寇千艘，功什冠军。域中底定，封鲸鲵相望，余则有《京观碑》。余去闽，少保应召之阙下，期余吴会，决策而行。余祖之三山，则有言赠。壬申，蓟门大阅，少保从谭襄敏在事，余则有《燕山铭》。报命程功，余则有《特疏》。丙子，少保始艾，祝以申吕，余则有《荐履篇》。骠骑罢鬼方，归而丘首，余则有志有铭。少保罢南粤，从间道入新都，胥命弇山，余则有《沧州三会记》。同事二十五载，先后累数万言，则言言核矣。

　　胄子祚国布状新都："明公推挽先人，贤于两大司马。无禄先人即世，藐诸孤请恤无从，大司马舆榇先后归，莫为适主。乃今疆场多事，上方求旧念功，傥藉宠灵，幸得死所。惟是墓门之石，唯明公特书。"窃惟畴昔之言，杂而不越。今兹之志，庶乎信而有征。余将概其颠末而损益之，幸得藉手。

　　戚之先世起定远，具《孝廉将军传》中。孝廉历连帅，入坐神机营。母阎太夫人，故旌贞节，则自大宁归老。孝廉乞终养，诏从之。尝遇异人，叩息子状，异人豫以期日告："戊子闰朔，胄子生，斯为三朝虎臣，兄卫、霍而弟之矣。后五年，举介子，足当雁行。其后十有三祀。"将及期，王太夫人梦神人衣绛衣降于庭，虎变而跃梱内。是日日华五色，孝廉命之曰继光，其字元敬。其号孟诸，则余所易也。

　　幼而好弄柙阖，多权奇。孝廉从方士受大还，锢鼎烹汞，偶退火，出丹室，命少保主扃。少保进武火大烹，扃户自若。既排户入，乃大惊："孺子冒不测而撄九龙，败矣！"顷之，覆鼎而出，汞皆成金。躬覆试之百端，不死。孝廉叹曰："鼎有实，非孺子良，惟予先世无罪实亡，非先世咎，惟余无良。"孝廉以木器贮硝楼中，戒勿上。少保私举火为戏，气焰熏天，孝廉厉声诘之，弗应。迹之，则既燃且烬，圜而潜入版者寸之三，孝廉洒然异之："孺子得天佽矣。"始舞勺。隆准方颐，毂而鹰扬，英气勃勃，其中类晏平仲，居然为万夫雄。既舞象，折节为儒，以经术著。既冠，奉孝廉命，上勋府，袭世官。待次司马门。善相人者目逆之门左，"将军春秋三十六,秉钺专征,不五等则三孤,布衣极矣!"

孝廉持大节,不问家,少保既孤,家故不造。内子出王万户,累封一品夫人。少保袭归,日服事分部,内子主中馈,相与食贫。常市一鱼,三斩待饪,朝进首,午进尾。少保虚口而行,问有余,曰:"亡矣。"则以臑在腹而阴自奉,心嗛之。暮以鱼腹羞,少保色沮,"子枵腹以望吾腹,甘苦可无同乎!"内子谢曰:"妾佚君劳,君良妾苦,礼也。"乃心德内子,方诸孟光。

庚戌,待试武闱。匈奴大入,部列城守,简材官,戍九门。少保条上便宜,部当其议。山东岁遣治兵使者,部六郡良家子入戍春秋。少保任中军,从使者,使者起文学侍从,嗫嗜诸偏裨,中军务辑众心,一军皆服。所部急稚毂,进总督备倭都司,寻转浙江都司佥事。

会倭难甚,浙残矣。少保上练兵议,其略曰:"无兵而议战,亦犹人无臂而格干将,乃今乌合者不张,征调者不戢,吾不知其可也。闻义乌露金穴,括徒递陈兵入疆,邑人奋钤棘御之。暴骨盈野,其气敌忾,其习慓而自轻,其俗力本无他,宜可鼓舞。及今简练训习,一旅可当三军。"督府乃檄少保,亟募三千人,假以节制。则以什伍起于丘乘,兵寓于农。第西北地夷,宜得地利;南而走险,不利并驱。乃间长短兵,夹振而进,队立一人为长,偏则伍之,两则什之,掎角互张,攻距击刺互用,是名"鸳鸯阵",恶用鹅鹳为哉!居无何,卒服习矣。

督府请补浙东参将,分部台州。辛酉,岛夷入台州,睹旌旗皆辟易,所向以全取胜,语在《台州平夷传》中。时新兵若发硎至,如破竹。其年,江西告急,督府檄少保西行,既捷,露布以闻,军声益振。夫己氏故睨督府,逝将挤而代之,阴揣东南愤客戍苦,军兴,则扇甘言为簧鼓。未及入闽,先上封事,请因兵求兵,因粮求粮,无庸征调,内应者谨然为口实。夫夫无负神武师!及使者弹事不行,各守官如故。夫己氏既失策,无敢食言,寇虐益张,兵食无措,徒负长技。摆弓跃马当先,一倭操利刃迫之,断马尾而免。

寇分垒为三窟,一据横屿,一据牛田,其酋长壁莆东南。出没焚掠,因而塞路,沃野不耕,山寇陆梁,海寇盘踞,广叛兵乘乱出入,眦若无人。言者谓督府兼制八闽,亟解悬以希悔祸,乃属少保部兵八千往,余为监。自横屿趋牛田,俘馘立尽。他夷部继至,截先登者五之三,其二突围南奔,穷追绝迹。将振旅，余操壶浆迎之福清西楼。余谓倭啗利如蝇，旋扑旋集，非一大创，畴能息肩？公归未及税车，闽烽举矣。少保辟人耳语："明公知余小子所由来乎？督府之援以开府故，亦将以谢群言耳。借一为券，宁虑什全？天意必欲完闽，幸明公在，八闽之事，明公以独身肩之。督府之重明公愈于开府，愿明公躬谒督府，悉陈往者之过，计请兵请饷而西。余小子眇然一夫，愿从公殉国矣。"余三酹而三拜，少保出百金剑，二分佩之，誓而指天："渝成言者不祀！"既入省，会勒功平远台。

少保既班师，余上书所部，愿奉诏旨，请援于浙。所部皆不可，闽方急，无宁出护军境外乎？余争之强，今且必往，传遽三宿，闻寇入莆城，所部发急足追余还，弗听。又三宿，驿闻督府逮京师，所部发急足追余还，弗听。既而大司马赵公代督府，乃发浙饷，属少保募精兵万人。闽望援兵，日几几如望时雨。兵至，寇畏飞将军如虎，枕籍而死，尸以泽量。当战务释俘囚，蠲胁从，视首功居多。语具《京观碑》中，不具载。

先帝即位，虏陷石州，东薄昌黎，几不守。用廷臣议，召谭司马、戚总戎入策备边。总戎上书，备陈"七原六失四弊"，大较言："兵制，西北十倍东南，虏凭积威劫边人，边人望风而靡。战将率朘军费，豢外舍儿，视虏饱归，尾而鹏剿，掩老羸为功级，既赎而赏有差，刲馘首以当雄飞，彼自以为得计。借曰当战，鲜不唾之，且不练何以议兵？无兵何以议战？练兵之效，臣尝试之东南。请简部将若而人，分出三辅州县，部募三千丁壮，部将将之，合为四营，营各五部。每营立一裨将，为之连衡。总揽折冲，则主将专制。简练训习，一如东南。比及三年，堂堂乎可格虏矣。长驱出塞，务令咋指而避穷庐。迨其非时，则大举讨罪之师，逐北而虚大漠，然后屯田足饷，罢戍销兵，坐致富强，则百世之利也。"部持可否，闻者发言盈庭。司马私语总戎："吾舌敝矣，如不人何？第扪勿谈，舍惟命。"总戎自言："世受豢养，敢不思效愚忠，用则腹心干城，不则马革，无问舌矣。"

既襄敏出就督府，命总戎督练，四主将兵节制，视督府同。策者谓太阿之柄，不假武人，第易总理。于时诸主将不用命，视总理犹寓公，无廨宇，无人徒，无供亿。督府言不便状，则又以总理专任蓟门，即不易衔，而练兵之议寝矣。矢言："蓟当肩膂，幸而任臣，臣无多言，在蓟言蓟。塞上周垣二千里，一瑕则百坚瑕，比年递圮递修，滋费无益，请更版筑。诸戍士画地受工，跨墙为台，睥睨四达。台高五丈，虚中为三层。台宿百夫，械器糗粮具在。虏至则当陴以守,退则番休。第力诎未能举赢,先筑千二百座。蓟人多木强,律之军,正将不堪,请募南中入彀者一军,以倡勇敢。"督府上其议,许之。始募南兵三千,如期至,陈而待命郊外。自朝日雨甚,至于日中,军容益壮,总于山立,边将大骇,将军令固如是乎!

既相要害,程功能部署,台垣之役,工力藉班军,则以南兵为渠长,薪木取诸塞外,其馀则以益樵苏。少保巡工,介弟为植,少舍则课殿最。宴赏决罚有差,黔皙益以壮丽献功,不旬月,告成事。是役也,县官仅发十万缗,经费考工足当百二十万。复增募南兵二万,编伍成之。议立车营,出战则以代城郭,车四面结鞿为方阵,步骑二旅中藏之,遇虏乘陴,火器先薄五百步外,稍近则步兵出辕下距虏,马排击之。虏却而奔,则纵骑兵乘胜逐北。虑师不宿饱,复益辎重营以从。有发则南北当选锋,入卫兵策应,主兵戍守,践更者任转输。首分数,次刑名,次技击,次步伐,次侦逻,次向导,次批捣,次追袭,次俘馘,次首功,军政毕张,无不以律。

比年东西虏谋入犯,西酋得蓟状恐,巫卜不祥,遂谢东胡,款关入贡。部言:虏数苦蓟,比修内备,不战而伐虏谋,即军正无所课功,其功上上。蓟方不得入梁益,且将求多。总理故以参将入闽,进副将,再论功最,进中军,署都督同知。充总兵入蓟,拥总理虚名,秩如故。

及江陵当国,上遣右司马出行边,于时大阅蓟门。十六万之师毕至,营伍必整,旌旗火鼓必齐,约束必坚,号令赏罚必信。余课诸将校、诸兵,躬入诸营,验诸械器,履诸关隘,登诸台垣,历诸亭障,周览诸阛阓。比还报,悉以状闻。既毕,使谒江陵,上辅兵议。江陵则以征伐自天子出,其如主幼何。既而递修蓟功,递进左都督,其加秩则少保兼太子太保,其阶则特进光禄大夫。

及江陵弃人间,人言波及少保。西裨将,起记室,少保若加诸膝而进之,阴布蜚语京师,倾少保而自代,始移镇南粤。虏入黑峪关,蓟人愿亟召还,不得请,则勒石颂公德,尸祝之。少保度岭南,任疆事如二镇,逾年疾作,得谢还登州。

一品鸷而张,先后有子皆不禄。少保阴纳陈姬,举祚国、安国、报国,沈姬举昌国,杨姬举辅国。御人露诸姬多子状,日操白刃,愿得少保而甘心。少保衷甲入寝门,号咷而诉祖祢,乃大恸,一品亦弃刃抱头痛哭,乃携安国子之。安国既受室而殇,一品解体,囊括其所畜,辇而归诸王。少保岁散千金徇客急，归而暴折，即延医治病，且无资。丁亥，始及耆。蜡日鸡三号，将星陨矣。

祚国守增广生，曲周公趣之入袭。少保先以闻功受上赏，任子武德将军，则移任骠骑。胄子寿国，蓟功论最，上命任子执金吾。通计部功，即诸子皆万户不啻也。

诸御史核册授记室，上本兵。故记室利资斧而干没之，核册亡矣，乃仅袭祖职，得指挥佥事，不遑以赏格闻。本兵以少保功高，将请恤典，既曲周公就木，请姑有待，而后发丧。

少保在浙，有《纪效新书》；在蓟门，有《练兵实纪》，《练兵实纪》，凿凿见诸行事，非徒托诸空言。居蓟，余署其路寝曰"止止堂"，藏其所著作，为《止止堂集》。乃延郭造卿纂《蓟门志》，收纳诸职方。既去蓟，留千金，造卿捆载归闽，志仍阙。少保故知人善任使，卒失之此两人。少保非智者与？盖千虑而一失也。当世借材且不给，何天降殊材也者而中折之！胡华阳有言，古今以少保当厄者三人矣，其一武穆，其一肃愍，其一则华阳自名。夫岳于不幸，华阳非世祖圣明，且无幸。少保四三公而一体，卒于牖下终焉，岂直天定乎哉！不妄杀故也。老氏以佳兵为不祥，斯其为大祥矣。故余志少保墓，率略军功，独揭其天授之符，徇国之志，人不及知者为不一书，铭率用此。铭曰：

　　昔表东海，大风泱泱。国士代兴，居然雁行。
　　则其济美，世笃忠良。则其威仪，虎视豹章。
　　则其节制，孙武宫嫱。则其宣力，为召为方。
　　则其下士，为陵为尝。则其从事，是为汾阳。
　　则其勇退，是为子房。三千组练，其陈堂堂。
　　东南底绩，海波不扬。迁之左辅，疾视跳梁。
　　亟须灭此，朝食未遑。涓人罄控，勿纵飞黄。
　　轮曳其踵，驾彼羊肠。爰征锐师，六翮以张。
　　时而出塞，戎车彭彭。台垣高时，永保金汤。
　　匈奴回向，纳款来王。无平不陂，无满不覆。
　　如狼跋胡，如鼎折足。南粤楼船，齿之杨仆。
　　弢我彤弓，释我戎服。垂橐而旋，有如白屋。
　　始杖于乡，竞推尔穀。内艰方殷，大归期促。

> 天高九重，恤典有属。圻父书勋，工父司筑。
> 葬予祁连，敛予良木。生荣死哀，庶瞑尔目。

录自：（明）汪道昆《太函集》卷五十九，黄山书社 2004 年版，页 1227-1236。点校者对录文标点有所改易。

五、（清）纪昀等撰《四库全书总目》

《纪效新书》十八卷，明戚继光撰。是书乃其官浙江参将时，前后分防宁波、绍兴、台州、金华、严州诸处练兵备倭时作。

首为申请训练公移三篇。所谓"提督阮"者，阮一鹗；所谓"总督军门胡"者，胡宗宪也。次为《或问》，题下有继光自注云："束伍既有成法，信于众则令可申，苟一字之种疑，则百法之是废，故为《或问》以明之。"盖明人积习，惟务自便其私，而置国事于不问。故己在事中，则攘功避过，以身之利害为可否，以心之爱憎为是非。己在事外，则嫉忌成功，恶人胜己，吠声结党，倡浮议以掣其肘。继光恐局外阻挠，败其成绩，故反覆论辨，冠之简端，盖为当时文臣发也。

其下十八篇，曰《束伍》，曰《操令》，曰《阵令》，曰《谕兵》，曰《法禁》，曰《比较》，曰《行营》，曰《操练》，曰《出征》，曰《长兵》，曰《牌筅》，曰《短兵》，曰《射法》，曰《拳经》，曰《诸器》，曰《旌旗》，曰《守哨》，曰《水兵》。各系以图而为之说，皆阅历有验之言，故曰《纪效》。其词率如口语，不复润饰，盖宣谕军众，非如是则不晓耳。

《或问》第一条云："开大阵，对大敌，比场中较艺、擒捕小贼不同。千百人列阵而前，勇者不得先，怯者不得后，只是一齐拥进，转手皆难，焉能容得左右动跳？一人回头，大众同疑，焉能容得或进或退？"可谓深明形势，不为韬略之陈言。

第四篇中一条云："若犯军令，便是我的亲子侄，也要依法施行。"厥后竟以临阵回顾，斩其长子，可谓不愧所言矣，宜其所向有功也。

录自：（清）纪昀等撰《四库全书总目》上册，中华书局 1965 年版，页 840。

六、(明) 王世贞《戚将军〈纪效新书〉序》

闽中汪中丞使来云:"戚将军用兵如神,其所著《纪效新书》者,公能无意一言乎?"不佞故尝从王宪使论叙戚将军用兵状,曰:"戚将军善用寡。"已又曰:"戚将军善用众。"已又曰:"戚将军善用败。"已则曰:"戚将军善用胜。"问所以善用状,则曰:"县官自急海事来,悉天下力厌之东南,大约越卒十不能易倭一。而戚将军由裨校起,提千馀乌合之士,蹦其穴而枭夷之,若芟稿然,即无论戚将军用寡已。今诸边大将,将不过三千人,势不能他有所举。而独戚将军任大将,至将数万人,其精神之所提衡注使,凛乎若出于一人而肝胆之,是无论用众已。戚将军所遣卒,或不幸偶中敌,以败告,戚将军益治兵自如。往往利用其瑕以误敌,敌懈见,即阴鼓我之气,而骤用之以成大勋。故戚将军之败往往为胜端。而他将士见小胜则志小溢,见大胜则志大溢,日拥鲜斗华以胜形示下,其下亦竞为谀辞悦其上而贪于懈。是故其胜往往为败端。乃戚将军益治兵自如,即不幸敌胜,而不得以胜压我,我胜而敌不得以其败误我。今戚将军起裨校,屡迁至大都督,佩两印,跨制三道,大小可数十百战,所杀卤万万计。称东南名将,无偶戚将军者。"

因出一编授余曰:"此戚将军所著《纪效新书》也。"余得而读之,卷凡六,自束伍以至水兵,篇凡十有八。精者探无间,操无形,若庄生之谈要眇。粗者教技击,按营垒,分水布陆,纤悉条备,若陶朱公之治生。其明赏罚,定章程,刻核断断,若韩非之论难。刺见寇隐,出神入鬼,若季主君平之前知。余乃作而叹曰:"戚将军能,县官诚用之,北赭瀚海,封狼居胥,取万户侯何足道哉!是宁独东南为?"

余尝怪汉武帝时,下朝鲜,扫滇筰,瓯闽南三越,不旋踵而若承蜩,然其最难者匈奴耳。而大将军、骠骑将军以轻骑绝大漠,数得志焉。此岂尽出天幸不至乏绝哉?而太史公传自卤获封户外,略而不具载。意其人以文章奇天下,怏怏奇数,不欲令武士见所长耳。及读至帝欲以孙吴兵法教骠骑,不肯受曰:"不至学古兵法,顾方略何如。"夫然后而知骠骑将军与大将军之微也。彼故长于技而短于法,即不尽出天幸,于后世何所自见焉?若孙、吴、穰苴、韩信、诸葛,发其藏为一家言,业已进是矣,其微旨奥义,往往使介胄之士见之而不能习,觚翰之士能习而不能用。夫卑卑施名实焉,能废戚将军书哉?虽然,兵阴道也,而阳言之,语云"我能往寇亦能往",戚将军毋亦少闷所馀矣。

将军名继光,东莱人;中丞名道昆,徽人。闽功与戚将军共之,又操文章柄,而汲汲然愿以余言显戚将军。王宪使,名道行,不识戚将军,顾独逊戚将军贤。俱可书也。

丙寅季春吴郡王世贞元美甫撰

录自:(明)王世贞《弇州四部稿》卷六十五,《明别集丛刊》第3辑第34册,黄山书社2016年版,页113—114。

七、(明)李承勋《〈纪效新书〉后跋》

戚大将军往在闽中,练兵素有节制,屡收大捷,全闽以宁。用兵既甚效矣,于是刻《纪效新书》,凡有兵寄者,莫不宗之。不佞勋自愧窳劣,然叨承祖荫以来,于役戎行先后十七年所矣。虽未获从事,心窃慕焉。今谬膺中坚之任,恭遇抚台滕公,振纲肃纪,修废举队,凡军中训练擘画,悉倾肝胆而指授之。由是军容整肃,在昔未有也。不佞闻戚将军在闽时,得于滕公指授居多,今不佞日奉方略,与此书若合符节,而调度机宜,非纸上所能殚载,益知戚将军传授有自来矣。

抚台每以戚将军功业期不佞,复命翻刻是书,将以颁行两浙将校。欲使将校以下知训练之机,熟约束之法,上下同心,臂指相使,悉成节制之兵。潜消海氛,保我黎庶,以抒圣天子南顾之忧。此戚将军之成效,而抚台重新是书之意也。凡我同志,其思所以勉承德意也钦。

万历戊子春仲,标下左游击将军兼理中军事、署都指挥佥事栝苍李承勋谨跋。

录自:(明)戚继光撰《纪效新书》,明万历十六年(1588年)李承勋刻本。

八、(明)周世选《重刻〈纪效新书〉序》

余既刻《武经七书》成,视笥中所携,有《纪效新书》一帙,徐君梦麟复请而刻之。是书,余推常时所获,盖善本也。往岁被命总环卫间,以示诸营帅,亦颇采其意为训诫,一时,称就约束。今者,奉玺书治兵留都。留都,丰镐重地,北浮江而东渐于海,襟越带闽,岛夷时出没为患,戚将军盖常一再大创之,所称"纪效"是也。治南兵御南寇,计无出此矣。

夫兵以虚用而寄于实,实者何也?按地形,习器械,练卒伍,精技击,兵家所谓形也。语有之:"多博古不若通于今。"是书盖通今者欤。自束伍至练将,其精极于要眇,而下至琐猥而不厌,斯可谓悉兵家之情形者也。入三家之市,使妄意室中之藏,则狼顾而失措,何则?形未审也。天之高,星辰之远,瞬而望之,安家而策之,若固知者,有所以致之矣。用兵大事也,居恒不考究其说,而猥云变化之妙存乎一心,若陋读父书之为者,顾安所得变化乎?古今语善变化,莫备于《易》,《易》云:"拟之而后言,议之而后动,拟议以成其变化。"是深于兵者也。万历二十三年岁舍乙未夏季月上浣之吉赐进士第资善大夫南京兵部尚书奉敕参赞机务瀛人周世选书。

录自:(明)戚继光撰《纪效新书》,平山子竜宽政十年(1798年)重刻明万历二十三年(1595年)周世选刻本。

九、(清)张海鹏《〈纪效新书〉跋》

戚少保《纪效新书》,明南京兵部尚书周世选原刻。嘉、隆间,少保更历南北,并著声绩,而南方战功特盛。初,自山东改浙江宁、绍、台参将,以会俞大猷兵围汪直馀党于岑港。久不克,坐免,戴罪办贼。旋以平直功,复改守台、金、严三郡。卷首《新任台、金、严请任事公移》内,有"本以废弃之馀误蒙使过之用",盖谓此也。时两浙卫所,军伍废弛,人不习战。乡兵之可用者,处州第一,义乌次之,台温又次之,绍兴又次之。因募三千人,教以击刺法,长短兵迭用。又以兵形象水,水因地而制流,兵因地而制胜,南方地多数泽水田,畦径纡曲,宽者不过五尺,仄者一尺,三五人即塞。乃随地形制阵法,或单行双行,或三四五营并行,步伐止齐,分合无不便利。一切战舰、火器、兵械、旗鼓，精求而更置之。号令严，赏罚信，士无敢不用命，故所战必捷，"戚家军"名闻天下。其后移镇蓟门，征浙兵三千，至，陈于郊，天大雨，自朝至日昃，植立不动，边兵大骇，自是始知军令。其教浙兵之苦心亦可概见矣。是编自《束伍》至《水兵》，共十八篇为十八卷，其文取便口讲，使兵伍听而易于晓畅，不以润色为工。皆在浙时亲试诸行阵，具有明效而纪者也。嘉庆甲子六月重校一过付梓。虞山张海鹏识。

录自：（明）戚继光撰《纪效新书》，清嘉庆间张海鹏《学津讨原》刻本。

十、（清）张鹏翂《五刻〈纪效新书〉序》

袁简斋曰："百战百胜将，兵书字不识。"盖为徒读父书之赵括辈发，非直谓兵书可以覆瓿也。以余所闻黄石斋云："事必有因，机须待触。"若不窥前人已然之妙，何以发吾心将然之机宜，是兵书非用武者昕夕不可少之资乎？特师其意而不袭其迹，神而明之，存乎其人可也。

余闻胜国嘉隆间，有戚少保元敬者，初备倭东南，后调镇蓟门，均能因地制宜，叠奏肤功。当分守台、金、严时，著有《纪效新书》，为训练士卒之具。三百年来，谈武备者，辄脍炙于口不能去。惜乎！山居固陋，搜求十数年而无所获也。

岁丙戌，三上公车。忽于琉璃厂旧书肆上，见岭南江氏所梓行，盖仿明南京兵部尚书周瀛人重刊之册，而三付梓者也。当即不惜重价购得之。私心窃以为夙渴顿解矣，讵翻阅数过，见其袭谬沿讹，往往而是，是心不怿者复累日。

越半载，于友人案头得虞山家海鹏梓本，假归雠校，略有正定。而缺文破句，则与江刻无以异，姑存行箧，冀觅完本徐补之。

逾岁，余捧檄来蜀，于武僚中，数见钞本。其舛误不成句读，则较前二书为尤甚。询悉系砺堂相国制蜀时，出所藏书，饬各营照录，以资服习。一时吏胥转相传钞，故鲁鱼帝虎，愈讹而愈不可究诘。

窃思此书既属用武之先资，乌可听其相背之戾而不之恤？爰取箧藏者评定一过，付诸剞劂氏，以公同好。非敢谓遽成善本，不过较前四刻眉目稍清，庶师其意者不至贻误戎行耳。其款式胥仍旧贯，不欲失庐山真面目，亦疑以传疑之意。

若夫元敬生平履历，暨战守之详，则明史有传，特附录于首，俾阅者展卷了然，不欲复有赘论，以贻蚍蜉撼树之讥云。时道光己丑秋八月上浣安康张鹏翂补山氏题于锦里双樨侨寓。

录自：（明）戚继光撰《纪效新书》，清道光十年（1830年）来鹿堂刻本。

十一、（清）朱昌寿《重镌〈纪效新书〉跋》

《纪效新书》者，前明戚少保武毅公官浙江参将时，防倭浙东而作者也。少保讳继光，号元敬，登州人。结发从戎，间关百战，绥靖闽浙，绩著江南。著新书一十八篇，首以《或问》，明法令军政，因地制宜，非徒讬诸空言已也。曰《束伍》，曰《条款》，曰《军法》，曰《禁令》，曰《禁约》，曰《赏罚》，曰《军令》，曰《旗鼓》，曰《行营》，曰《长兵短用》，曰《藤牌》，曰《短兵长用》，曰《射法》，曰《拳经》，曰《诸器》，曰《旌旗》，曰《守哨》，曰《水兵》。皆自述其平倭之功，战胜攻克之实效也。我朝采入《全书》，藏之秘阁，诏许抄传，惠加士子，典至巨也，恩至渥也。生，一介庸儒，狃于乡里，虽未谙夫韬略，犹幸睹夫琳琅。抄诵之馀，窃叹将军之用兵为神且武也。独是武备诸书，率多坊本，亥豕鲁鱼，难于卒读。列阵法器械诸图，尤差以毫厘谬以千里者也。爰求善本，重付枣梨，越五旬而梓成。凡我同志，足备于城选者，具奉是编以为法焉可。道光二十一年岁在辛丑冬十一月上澣仁和朱昌寿跋于十二芙蓉馆。

录自：（明）戚继光撰《纪效新书》，清道光二十一年（1841年）朱昌寿刻本。

图书在版编目（CIP）数据

纪效新书／（明）戚继光著；马明达，马廉祯点校. -- 北京：人民体育出版社，2021（2024.11重印）
ISBN 978-7-5009-5958-8

Ⅰ.①纪… Ⅱ.①戚… ②马… ③马… Ⅲ.①兵法—中国—明代 Ⅳ.①E892.48

中国版本图书馆 CIP 数据核字（2021）第 027420 号

*

人民体育出版社出版发行
廊坊市蓝华印刷有限责任公司印刷
新　华　书　店　经　销

*

787×1092　16 开本　19 印张　286 千字
2021 年 10 月第 1 版　2024 年 11 月第 4 次印刷
印数：6,501—9,500 册

*

ISBN 978-7-5009-5958-8
定价：65.00 元

社址：北京市东城区体育馆路 8 号（天坛公园东门）
电话：67151482（发行部）　　邮编：100061
传真：67151483　　　　　　　邮购：67118491
网址：www.psphpress.com

（购买本社图书，如遇有缺损页可与邮购部联系）